Selbsthypnose

für Franz Bardons Weg zum wahren Adepten

Synergia

1. Auflage, 2017
Erschienen im Synergia Verlag, Basel, Zürich, Roßdorf
eine Marke der Sentovision GmbH
www.synergia-verlag.ch

Umschlaggestaltung, Gestaltung und Satz: FontFront.com, Roßdorf

Vertrieb durch Synergia Auslieferung
www.synergia-auslieferung.de

Printed in EU
ISBN-13: 978-3-906873-27-5

Bibliografische Information der Deutschen Bibliothek
Die Deutsche Bibliothek verzeichnet diese Publikation in der deutschen Nationalbibliografie; detaillierte bibliografische Daten sind im Internet unter http://dnb.ddb.de abrufbar.

Selbsthypnose

für Franz Bardons *Weg zum wahren Adepten*

Achtung

Bitte beachten Sie, dass Sie die Verantwortung für alle Übungen, Experimente und Ratschläge in diesem Buch übernehmen. Alle Warnungen spiritueller Lehrer, besonders von Franz Bardon, indischen Yogis und mir, sollten ernst genommen werden. Die spirituelle Ausbildung ist eine Kunst und Wissenschaft und nicht etwas, mit dem man spielen sollte oder nur die Neugier befriedigt. Die spirituelle Entwicklung dauert Jahre, ganze Leben. - tatsächlich viele Inkarnationen. Da Sie ein unsterbliches Wesen sind haben Sie genug Zeit, um Schritt für Schritt den Weg zu beschreiten und dabei das Gleichgewicht in allen Aspekten zu halten.

Ich möchte an dieser Stelle meinem Freund Ivo herzlich danken, für das Lektorat dieses Buches! Möge das göttliche Licht Dich führen auf Deinem Weg der Weisheit und Liebe!

Ray del Sole, im Dezember 2016

Mit Respekt gegenüber dem Gesetz der Vollkommenheit verbinden wir das männliche Prinzip des Willens mit dem weiblichen Prinzip des Unterbewusstseins, so dass sich die magische Entwicklung in ihrer besten Weise entfaltet. Wir säen die Samen neuer Qualitäten, Fähigkeiten und Kräfte in das fruchtbare Feld unseres Unterbewusstseins und lassen die Transformation beginnen.

Ray del Sole

Ich widme diese Arbeit allen wahren Suchern des ewigen Lichts. Möge es eurer Entwicklung zu wahrer Meisterschaft dienen.

Ray del Sole

INHALT

Einführung

Lieber Student von Franz Bardons "Der Weg zum wahren Adepten",

so wie du folge ich dem heiligen Pfad zum Ziel der menschlichen Evolution. Der Weg ist sehr lang und wirklich felsig. Gefahren und Fallen warten auf den sorglosen Reisenden. Und manchmal trifft man auf Hindernisse, die unüberwindbar erscheinen. Dann bist du gezwungen, auf deinem Weg anzuhalten. Du schaust dir das Hindernis an und beginnst, über all die Opfer, die harte Arbeit und das Training nachzudenken, aber auch über die großen Erfahrungen, die du bereits in der Vergangenheit auf deiner spirituellen Abenteuerreise hattest. "War der ganze Aufwand für nichts? Soll ich etwa meine Reise hier beenden? "Solche Gedanken können in deinem Bewusstsein auftauchen, während du das Problem vor dir betrachtest. Und jetzt, was wirst du tun? Gibst du auf, oder versuchst du alles um es zu überwinden?

Ich bin schon seit langer Zeit auf dem heiligen Pfad unterwegs und kenne alle Schwierigkeiten und Probleme. Das Training von Bardon ist mehr als anstrengend. Es ist wie das Erklimmen des Mount Everest ohne Vorbereitung, und es wäre eine Untertreibung zu sagen, dass dies extrem ist. Und tatsächlich musst du extrem sein, um den direkten Weg zu meistern.

Auf der anderen Seite handelt es sich hier um Magie. Magie hat geheime Aspekte, in der gleichen Weise wie Bardon´s Bücher und Lehren. Wenn du also die Geheimnisse der Magie verstehst und wenn du zwischen den Zeilen in seinen Büchern lesen kannst, dann kannst du Wunder bewirken - Wunder des Fortschritts, wo der Fortschritt unmöglich erscheint.

Ein großes und wichtiges Geheimnis für den Fortschritt auf dem Weg, ist die intelligente Nutzung der Macht des Unterbewusstseins. Die meisten Schüler verstehen nicht die Bedeutung des Unterbewusstseins und sie verstehen auch nicht das Verhältnis von Willen und Unterbewusstsein. Bardon gab nur ein paar Hinweise dazu.

Im Folgenden beschreibe ich die geheime Beziehung zwischen ihnen und wie das Unterbewusstsein am besten für den Fortschritt auf dem Weg verwendet wird.

Ich hoffe und wünsche dir lieber Leser, mit diesem Buch in deiner spirituellen Entwicklung zu dienen, damit du ein echter Tempel des göttlichen Geistes wirst, wie es für alle von uns vorgesehen ist.

Sicherlich können nur Schüler mit der richtigen Einstellung auf den vollen Erfolg zählen. Für alle anderen wird die göttliche Vorsehung einen Weg finden, sie vom Weg abzulenken (zu ihrer eigenen Sicherheit). Deshalb betone ich in all meinen Büchern die spirituelle Haltung so sehr. Mystik und Magie gehen immer Hand in Hand. Echte Magie ohne Mystik, ohne spirituelle Haltung, gibt es nicht.

Ray del Sole

Hypnose – Was Du beachten solltest

Haftungsausschluss für die Selbsthypnose Anweisungen

Alle Techniken, Anregungen und Anweisungen sind geprüft und entsprechen den aktuellen professionellen Standards der Hypnose-Anwendungen. Dennoch verwendest du die folgenden Anweisungen für die Selbsthypnose auf eigene Gefahr und in eigener Verantwortung. Ich möchte darauf hinweisen, dass ich keine Haftung übernehmen kann, insbesondere für selbst kreierte Suggestionen, die zu physischen oder psychischen Schäden oder anderen Nachteilen führen, die sich aus der Anwendung der Selbsthypnose ergeben haben. Bitte beachte die Kontraindikationen!

Allgemein trägst du die volle Verantwortung für Deine spirituelle, magisch-mystische Ausbildung. Das muss dir bewusst sein. Folge den vier Säulen des Tempels von Salomon, wie Bardon sie beschreibt!

Kontraindikationen für Hypnose

Wenn Du nicht gesund bist, wende Dich bitte an deinen Arzt. Frage ihn, falls es irgendwelche Risiken für Dich bei der Anwendung von Selbst-Hypnose gibt.

In den folgenden Fällen sollte Hypnose nicht angewendet werden:

- Für geistig behinderte Menschen (weil die Gehirnfunktionen beeinträchtigt sind und die Wirkung der Hypnose schwer vorherzusehen ist)
- Menschen mit schweren Herz- und Kreislauferkrankungen, bei denen eine tiefe Entspannung kontraindiziert ist, wie z. B. Herzinsuffizienz
- Bei Psychosen (Schizophrenie, bipolare Störung, Dysthymie, Borderline-Persönlichkeitsstörungen, oder andere schwere psychische Erkrankungen, insbesondere bei Wahn oder dissoziativen Symptomen)
- Depression im Allgemeinen (einige Hypnose-Techniken können Depressionen tatsächlich intensivieren)
- Im Falle von Alkohol- oder Drogenmissbrauch
- Für Persönlichkeitsstörungen (Hypnose ist hier nur wenig oder gar nicht erfolgreich)
- Für Personen, die erst vor kurzem (letzte Woche) einen Herzinfarkt oder Schlaganfall hatten
- Für Menschen mit Suchterkrankungen wie Alkohol, Drogen oder Schmerzmittelabhängigkeit. Raucher sind hier ausgenommen
- Für Patienten mit Thrombose (Risiko, dass das Gerinnsel in Bewegung ist und eine Embolie hervorruft)

Problematische Faktoren für Hypnose

Die folgenden Faktoren können es erschweren, in Trance zu kommen und gute Ergebnisse zu erzielen:

- Migräne (mit Filterproblemen im Gehirn, ist der Klient phasenweise oder dauerhaft überempfindlich, z. B. gegen Lärm und das Gehirn kann Probleme haben, den Wachzustand zu verlassen).
- ADS / ADHS (bei dieser Störung hat das Gehirn Probleme, bestimmte Frequenzen zu produzieren, so dass es möglich ist, dass das Gehirn den hypnotischen Zustand nicht erreichen kann).
- Schwere Müdigkeit / Müdigkeit des Schülers (der Körper neigt dazu, sich zu entspannen und einzuschlafen, so dass das Gehirn nur einen begrenzten hypnotischen Zustand beibehalten kann).
- Niedriger Blutdruck - Menschen mit niedrigem Blutdruck haben oft eine erhöhte Neigung zum Einschlafen. Nach der Hypnose braucht der Schüler genug Zeit, um wieder vollkommen wach zu sein, bevor er Autofahren kann oder ähnliches.
- Hormonstörungen wie Schilddrüsenerkrankungen und die damit verbundene Medikation, hormonelle Ungleichgewichte durch Menopause, etc.

THEORIE

Die Polarität des Bewusstseins

In dem Kapitel über Autosuggestion gibt Bardon erste Erklärungen über den negativen Aspekt des Unterbewusstseins und darüber, wie das Unterbewusstsein positiv zum Training genutzt werden kann. Wie üblich überlässt Bardon es dem Schüler weitere Geheimnisse durch die eigene, echte Praxis zu entdecken. An dieser Stelle möchte ich nicht alle Aspekte des Geistes beschreiben, sondern nur die wenigen, die für dieses Buch wichtig sind.

Der menschliche Geist besteht aus einer sehr interessanten Polarität. Es gibt einen männlichen Pol und einen weiblichen Pol:

Männlicher Pol:

- Ajna Chakra (Meister Zentrum)
- Feuer Element
- Normales Bewusstsein
- Aktiv
- Befruchtende Funktion

Weiblicher Pol:

- Hinterkopfnebenchakra
- Wasser Element
- Unterbewusstsein
- Passiv
- Gebärende Funktion

In idealer Weise arbeiten beide Pole als Einheit in Harmonie zusammen. Der männliche Pol befruchtet den weiblichen Pol mit Ideen, Gedanken und Wünschen und der weibliche Pol wird schwanger und gebiert sie. Anders formuliert hilft das Unterbewusstsein, Ideen und Wünsche in seiner weiblichen Funktion zu manifestieren.

Wenn die Beziehung zwischen beiden Polen im Ungleichgewicht ist, dann erleben wir ähnliche Probleme wie in einer Ehe, wo die Liebe irgendwie weg und die Einheit zerstört ist. Dann gibt es Stress zwischen beiden Polen und echte Disharmonie. Die Pole wirken gegeneinander. Bardon spricht über diesen Effekt.

Heute haben viele Menschen und auch spirituelle Schüler Probleme mit dieser Polarität des Geistes in Form von negativen Gedanken wie Zweifel, Ängste und Mangel an Selbstvertrauen. Dann gibt es das Problem, dass die Schüler oft einen Fokus auf das Prinzip des Willens, des aktiven Pols, in der Ausbildung legen und komplett vergessen, dass weibliche Prinzip in der gleichen Weise zu verwenden. Dies ist sicherlich ungesetzmäßig, da beide Pole zusammenarbeiten müssen, um neue Qualitäten, Fähigkeiten und Kräfte zu schaffen. Um dieses Gesetz zu verstehen, denke bitte darüber nach, wie ein Baby zum Leben erweckt wird. Der Mann schwängert die Frau. Dies kostet vielleicht eine Menge von Spermien und ein bisschen Arbeit. Aber die Frau ist schwanger mit dem Baby für neun ganze Monate. Siehst Du den Unterschied? Der männliche Pol sät einen einzigen Samen und der weibliche Pol sorgt für die Ernährung und das Wachstum dieses Samens. In anderen Worten hat der weibliche Pol eine wichtige Funktion bei der Verwirklichung einer Idee. Und jetzt verstehst Du die Bedeutung des Unterbewusstseins für das Training. Ohne den bewussten Gebrauch der weiblichen Nähr- und Materialisierungsqualität und -Kraft können nicht wirklich Fortschritte erzielt werden.

Intelligenz, Aufmerksamkeit und Bewusstsein

Ich habe schon über das normale Bewusstsein als den einen Pol und das sogenannte Unterbewusstsein als den anderen Pol gesprochen. Die Polarität wird hier durch das Ajna-Chakra und das Hinterkopf-Chakra repräsentiert. Neben dieser zentralen Polarität des Geistes haben wir viele Zentren des Bewusstseins, die indischen Chakren. Inzwischen haben Wissenschaftler entdeckt, dass es Agglomerationen neuraler Zellen gibt, die sich an den Punkten der Chakren befinden. Diese neuronalen Zentren wirken wie kleine Gehirne und haben eine Art von Bewusstsein und Intelligenz. In der Tat sind Intelligenz und Bewusstsein nicht auf das Gehirn beschränkt, sondern können in größeren und kleineren Zentren im ganzen Körper gefunden werden. Die alten Eingeweihten wussten das schon vor langer Zeit, aber erst heute wurde es wieder entdeckt. Hier können wir uns am besten an dem alten Wissen über die Chakras und die wissenschaftliche Forschung über sie von Choa Kok Sui, dem Gründer der Prana-Heilung, orientieren. Im Allgemeinen können wir beobachten, dass die Chakren alle Grade von Intelligenz, Wahrnehmung und Gefühlen, angefangen von der göttlichen Ebene über die menschliche, bis hin zu der tierischen Ebene enthalten. Die Kraft, oder Leistungsfähigkeit und die Qualität dieser Zentren hängt vom individuellen Entwicklungsgrad ab. Zusammenfassend können wir sagen, dass die menschliche Persönlichkeit im ganzen Körper, oder besser gesagt im ganzen Mikrokosmos "verbreitet" ist. Die verschiedenen Zentren, oder Chakren sind Punkte, um auf die verschiedenen Aspekte der Persönlichkeit zuzugreifen. Alle Zentren sind voneinander abhängig, in Interaktion, ein Netzwerk. Hier spiegelt der Mikrokosmos den Makrokosmos, die Sphären. Neben diesen Zentren des Bewusstseins haben auch alle Organe und alle Zellen eine Art von Intelligenz, Geist und Bewusstsein. In der Tat ist Geist, Intelligenz, Bewusstsein überall im gesamten Mikro- und Makrokosmos zu finden. Wenn wir also mit dem Unterbewusstsein arbeiten, dann sind viele verschiedene Arten von Intelligenz beteiligt. Man könnte meinen, dass hypnotische oder autohypnotische Anwendungen auf das menschliche Individuum, auf den Mikrokosmos beschränkt sind. Dies ist nicht der Fall, da ein Mensch zu anderen im Abhängigkeitsverhältnis ist und mit der Schöpfung vernetzt ist. Tatsächlich können höhere geistige Wesen und Seelen, die die Anwendung der Selbsthypnose wahrnehmen bzw. die Behandlung miterleben, an der Reinigung, Heilung oder Entwicklung usw. mitwirken- und arbeiten. Und natürlich kann dein spiritueller Führer auch die Behandlung überwachen und beeinflussen. So beschäftigen wir uns hier tatsächlich mit den eigenen bewussten Ideen, der eigenen unterbewussten Arbeit und der Hilfe von außerhalb unseres Mikrokosmos.

Autosuggestion versus Selbsthypnose

Bardon empfiehlt Autosuggestion als eine Technik, um mit dem Unterbewusstsein zu arbeiten. Für diese Technik wird ein Zustand der Entspannung oder eines schlafähnlichen Zustands vorgeschlagen. Dann soll man die Autosuggestion eine längere Zeit wiederholen, bis man in den Schlaf fällt wenn man im Bett liegt, oder bis man die eingestellte Menge an Perlen an der Gebetskette erreicht hat. So hat die Autosuggestion ihren Fokus in der größeren Anzahl von Wiederholungen eines einzigen autosuggestiven Satzes. Die Wiederholung einer Idee im Satz hat eine verstärkende Wirkung, die die Idee wachsen und sich materialisieren lässt. Es ist ähnlich, wie wenn man einen Samen in die Erde (Unterbewusstsein) setzt und ihn jeden Tag gießt, damit er zu einer Pflanze heranwachsen kann. Nach einer längeren Trainingszeit führen die autosuggestiven Übungen automatisch in tiefere Bewusstseinszustände, da die

Wiederholung abstumpfend wirkt und das normale Bewusstsein "herunterfahren" lässt. Daher ist die Wiederholung bereits ein Weg, den Zustand des Geistes zu verändern, also eine Möglichkeit der Hypnose. Hypnose kann allgemein als ein Zustand des Geistes definiert werden, wo das Unterbewusstsein offen und empfänglich für Suggestionen ist, während das normale Bewusstsein "schläft". Normales Bewusstsein bedeutet hier vor allem der männliche Teil des Geistes - Wille, Intellekt, der aktive, fragende, filternde, verteidigende Teil. Dies ist wichtig, da das Unterbewusstsein nicht zwischen Realität und Phantasie / Suggestionen unterscheidet. Nur das normale Bewusstsein unterscheidet und wirkt wie ein Wächter und Verteidiger des Geistes, der Wahrnehmung und der Persönlichkeit. Entsprechend akzeptiert das normale Bewusstsein nicht alle Ideen und leider auch nicht alle guten Ideen für positive Veränderungen. So ist der Zugang zum Unterbewusstsein notwendig, um eine erfolgreiche Selbstbeeinflussung zu erreichen.

Mit diesen Erklärungen kommen wir zur Selbsthypnose, die in der Tat nicht weit von der Autosuggestion entfernt ist. Es ist fast das gleiche und die geübte Autosuggestion wird automatisch zur Selbsthypnose. Natürlich kann man auch direkt mit Selbsthypnose, als einer tieferen und effektiveren Form der Autosuggestion beginnen. Der einzige und wichtigste Unterschied hier ist, dass du deine Übung mit der Vorstellung beginnst, dich mehr und mehr zu entspannen und in einen immer tieferen Zustand der Entspannung und Trance zu gehen. Wenn Du einen sehr tiefen Zustand des Bewusstseins erreicht hast, die sogenannte Trance mit körperlicher Entspannung, dann beginnst du mit deiner eigentlichen, suggestiven Arbeit. Ein kleiner Teil des normalen Bewusstseins wird beibehalten, welcher die Suggestionen dem Unterbewusstsein eingibt. In diesem tiefen Zustand ist es auch nicht nötig einen Satz zu erstellen, den Du wiederholst (aber du kannst dies tun). Ganz im Gegenteil kannst du mit dir selbst sprechen, ein Selbstgespräch führen, also frei formulieren wie du es von den Hypnotiseuren kennst und wie sie mit ihren Klienten sprechen. Dies kann wie eine Meditation über eine neue Fähigkeit sein, wo du zum Beispiel darüber nachdenkst, wie diese Fähigkeit sich manifestiert, wie du sie verwendest, wie sie größer, stärker und immer besser wird, wie sie sich verfeinert und voll entwickelt, etc. Diese Ideen und Vorstellungen werden direkt von deinem Unterbewusstsein aufgenommen und verarbeitet. Dein Unterbewusstsein hält sie für reale Erfahrungen und setzt sie um. Auf diese Weise realisiert sich die neue Fähigkeit dank deines Unterbewusstseins. Die andere Seite ist natürlich das echte Training der gewünschten Fähigkeit. Beide Aspekte - männlich und weiblich müssen Hand in Hand gehen für beste Ergebnisse in der Übungszeit. Nach dem Teil des Selbstgesprächs / Meditation / Autosuggestion musst du dich wieder in das normale Bewusstsein zurückführen. Dies bedeutet, dass du aus deinem tiefen Zustand der Entspannung und Trance in den Zustand der normalen Aktivität zurückkehren musst. Du gibst dir selbst den Befehl, den Blutdruck und die Atmung auf ein normales Niveau zu erhöhen, dann fühlst du dich frisch und wach und endlich öffnest du die Augen erfrischt, ganz wach, genau hier und jetzt in der materiellen Welt. Dies ist sinnvoll und wichtig, um dich wirklich von Trance auf normale Aktivität umzustellen. Eine halbe Trance im Alltag ist nicht gut und kann gefährlich sein (denk beispielsweise ans Autofahren). Genaue Anweisungen und Formulierungen für die Hypnose gibt es später.

Wie du siehst, sind Autosuggestion und Selbsthypnose ganz einfache Techniken, die dir echten Erfolg in der Arbeit mit dir selbst ermöglichen. Jeder der gesund ist, kann sie sehr gut anwenden. Für die Selbsthypnose gibt es weitere Techniken, in denen du so genannte Trigger, Anker, spezielle Codes oder Rituale verwendest, um spezielle Zustände des Bewusstseins, oder Fähigkeiten mit einem externen Zeichen zu kombinieren oder sie direkt zu aktivieren. Solche Dinge kennen wir aus allen Religionen und Traditionen, wo

Rituale verwendet werden, um spezielle Zustände von Geist und Seele herbeizuführen. Heutzutage setzt man solche Trigger für einen schnellen Zugriff auf den Trance-Zustand und auch für spezielle psychische Einstellungen für hohe Leistungen beispielsweise im Sport. Wie Bardon sagt, kannst du dir selbstverständlich deine eigenen Rituale für alle möglichen Zwecke ausarbeiten. Dabei gilt die Regel je einfacher, desto besser.

Ergebnis- und Prozessimagination

In der Hypnotherapie gibt es eine Technik, wo du zurück in deine Vergangenheit gehst, um wichtige Situationen wieder zu erleben und um Probleme in der Gegenwart zu lösen. Sie heißt Regression. Es ist in einer solchen Sitzung möglich, dass du fühlst und handelst wie ein Kind, wie du es in der Vergangenheit getan hast, in die Du unter Hypnose gegangen bist. Etwas Ähnliches ist auch mit Deiner Zukunft möglich. Dies nennt sich Progression. Versetzt in deine eigene Zukunft, kannst du dich als viel älter und vielleicht weiser in deinem Zukunfts-Selbst erleben. Es ist möglich, dass du sagen kannst, was in den nächsten Jahren passiert. Der Punkt ist hier, dass du dich in deinem Charakter verändert hast und dass du vielleicht neue Fähigkeiten oder Qualitäten zeigst - weil du älter bist. Stell dir einmal vor, dass du in einer langjährigen Kampfkunst Ausbildung bist. Durch die Hypnosesitzung erlebst du dich zehn Jahre älter. Du bist jetzt nicht mehr ein Anfänger in den Kampfkünsten, sondern ein alter Großmeister. Das ist eine andere Erfahrung, ein anderes Gefühl und eine andere Haltung. Mit einer solchen Progressionstechnik kannst du dich mit Energien und Erlebnissen deiner Zukunft verbinden. Du weißt dann wie es sich anfühlt, ein Meister zu sein und das schon als Anfänger. Neben einer echten Progression in die eigene Zukunft, kannst du auch deine Imagination nutzen, um dich selbst als Meister zu erleben - ein Meister in der Magie, ein erleuchtetes, vervollkommnetes und machtvolles Wesen.

Geh einfach in die Meditation und frag dich: "Wie erlebe ich mich als Meister? Wie fühlt es sich an einer zu sein?" Die Chancen sind gut, dass du tatsächlich einen solchen Zustand erfährst, die Qualitäten, die Einstellung eines Meisters kennenlernst und vielleicht mit entsprechenden geistigen Kräften in Berührung kommst. Vielleicht gewinnst du auch Eindrücke davon wie es ist bestimmte, neue Fähigkeiten zu haben. Mit solchen Eindrücken ist es einfacher für Dich, dich auf deine spirituelle Entwicklung zu konzentrieren, da du weißt, wissen, was auf dich wartet.

Neben diesen allgemeineren Dingen gibt es eine Technik, die ich dir für einen besseren Fortschritt in der Entwicklung von Fähigkeiten und Eigenschaften vorschlage. Man könnte es die "Erschaffung des Meisters" nennen:

Dein Ziel ist es, vollständige Meisterschaft in Magie und Mystik zu erreichen. Das ist die Basis. Ein Teil der Technik ist "Ergebnis-Imagination" und der andere Teil ist "Prozess-Imagination" (Simulation). Bardon schlägt vor sich vorzustellen, dass du bereits dein Ziel erreicht hast - den Wunschzustand. Dies ist die "Ergebnis-Imagination". Mit dieser Technik vitalisierst du die gewünschte Idee, das Bild mit geistiger Energie und mit emotionaler Energie, so dass es sich von der höchsten Ebene bis in die materielle Welt manifestiert. Dies kann eine Weile dauern und muss wiederholt werden, ähnlich wie man eine Blume gießen muss damit sie wächst und aufblüht. "Prozess-Imagination" oder Simulation ist der zweite Teil. Hier simulierst du in deiner Vorstellung die gewünschte Fähigkeit, Qualität, Verhaltensweise, oder den Zustand im Prozess der Ausbildung / Nutzung. In der Tat schaffst du eine neue Realität, die die Manifestation deines Wunsches unterstützt. Wir können sagen, dass es eine Realität für dein Unterbewusstsein ist, da es nicht zwischen Vorstellung / Simulation und "realer" Realität unterscheidet. Mit anderen Worten, deine imaginäre Realität ist real, aber auf einer anderen Ebene. Nehmen wir ein Beispiel:

Hellsichtigkeit

a) Ergebnis-Imagination:

Ich bin hellsichtig. Ich kann mit meinem dritten Auge alles sehen, was ich sehen möchte im Akasha, in der geistigen Welt, der astralen und der grobstofflichen Welt, über Zeit und Raum hinweg. Es gibt keine Grenzen für mein drittes Auge. Mein drittes Auge ist in einem perfekten Zustand, gut ausgebildet und brillant in seiner Wahrnehmung. Mein Blick ist klar und durchdringend. Ich kann die Wunder der Schöpfung sehen. Ich sehe die Bewohner der verschiedenen Reiche, die Wesen der Elemente, die Götter und Göttinnen, die Wesen der Natur, die Ströme der Energie. Ich kann alles sehen. Ich sehe die spirituellen Führer, die Meister, die alten Propheten, die Brüder und Schwestern im Licht. Ich sehe die Geschichte der Menschheit und ich sehe die Zukunft. Ich entdecke die Geheimnisse der Pyramiden, der alten Tempel und Ruinen. Alle Geheimnisse sind jetzt für mein drittes Auge geöffnet. Ich bin allwissend wie mein Vater (Gott). Ich bin ein Meister der Magie und Mystik. Es fühlt sich großartig an. Ich bin gesegnet. Ich bin dankbar. Ich bin ein Sohn (Tochter) Gottes. Und so weiter...

b) Prozess-Imagination:

Ich sitze in meinem Asana, in einem tiefen Meditationszustand. Ich bin noch nicht hellsichtig, aber ich simuliere es, um die gewünschte Wirklichkeit zu schaffen, die mein Unterbewusstsein hilft zu manifestieren.

Imagination: Ich konzentriere mich auf mein drittes Auge und fühle, dass es aktiv und vollständig entwickelt ist. Meine Absicht, mit meinem dritten Auge zu sehen, reicht schon aus um den Sinn des Hellsehens zu aktivieren. Ich fühle, wie mein drittes Auge und mein Hals-Chakra aktiver werden. Mein Bewusstsein verändert sich leicht und ich sehe meine eigene Aura mit ihren Farben. Ich konzentriere mich jetzt auf die Chakras. Ich sehe mein aktives Kronenchakra und das innere Chakra. Ich sehe die goldenen und violetten Farben. Ich sehe, wie die göttliche Energie in meinen Kopf strömt, dann in mein Energiesystem und wie sie durch meine Energiekanäle fließt. Ich sehe die großen Chakren, aber auch die kleineren. Ich kann in meinen Körper sehen, die Energie meiner Organe ... ich kann meinen ganzen Mikrokosmos beobachten. Es ist faszinierend. Ich bin dankbar und glücklich für diese wunderbare Fähigkeit. Mein Hellsehen wird besser und besser jeden Tag im Training. Jetzt komme ich zurück in meinen normalen Bewusstseinszustand und meiner normalen Sehfähigkeit und beende die Meditation. Und so weiter...

Das war nur ein kleines Beispiel. Je mehr Kreativität und Fantasie du in deine Vorstellungen setzt, desto besser nähren sie deine gewünschte Realität. Wichtig ist, dass du diese Meditationen mit 100% machst, sie richtig lebst und als Realität begreifst. Du erschaffst eine neue Realität! Integriere alle deine Sinne und deine Emotionen, um es real zu gestalten und die neue Realität zu beleben. Sehe dich, fühle dich und erfahre dich selbst im gewünschten Zustand. Wenn du beide Teile kombinierst - Ergebnis- und Prozess-Imagination und sie regelmäßig wiederholst, dann tust du das bestmögliche, um deine Wünsche zu manifestieren. Als dritter Aspekt für den vollen Erfolg ist natürlich auch echtes aktives Training notwendig. Du kannst dies mit dem Training eines Gewichthebers vergleichen. Die Vorstellung ist wichtig, aber echtes Training ist genauso notwendig. Magische Fähigkeiten brauchen Training ähnlich wie Muskeln. Die Struktur muss aufgebaut werden.

Du kannst sicher sein, dass alle notwendigen Ideen und Energien für deine neuen Fähigkeiten bereits irgendwo in der Schöpfung existieren und dass du dich mit ihnen durch deine Meditationen verbinden kannst. Während deines magischen Trainings kannst du Schritt für Schritt neue Fähigkeiten und Qualitäten zu deiner Vision der Meisterschaft hinzufügen; so kreierst du dein eigenes Bild, bis du und dein perfekter Zustand eins seid.

Beispiel Selbsthypnose: Auflösung von Blockaden

Um dir einen ersten guten Eindruck zu vermitteln wie die Selbsthypnose funktioniert, präsentiere ich hier eine gute Technik um deine Blockaden zu lösen. Fast alle Menschen und auch fast alle Schüler leiden unter verschiedenen Arten von Blockaden, die auf allen Ebenen auftreten - auf der mentalen, astralen und physischen Ebene. Blockaden erscheinen vor allem in den Energiekanälen, den Nadis oder Meridianen und auch in den Chakren, die als Energiepumpen, Energietransformier und Verteiler arbeiten. Blockaden sind hauptsächlich schmutzige, kranke und schleimige Energien, die die Energie-Kanäle und Chakras verkleben und verstopfen. Blockaden können auch negative Gedankenmuster und negative emotionale Muster sein. Auch auf der physischen Ebene kann es Strukturen geben, die den Fluss des Stoffwechsels blockieren. Wenn es irgendwo eine Blockade gibt, dann gibt es Regionen des Körpers / der Seele / des Geistes, die zu viel Energie haben (Stau) und es gibt Teile, die nicht genug frische Energie (Mangel) bekommen. Der menschliche Mikrokosmos ist in der Lage Blockaden selbst zu lösen (in den meisten Fällen), aber es kann notwendig sein, die Aufmerksamkeit des Unterbewusstseins auf die Blockaden zu lenken. Es ist wichtig, den richtigen Impuls für Selbstreinigung- und Selbstheilungsprozesse zu geben. Der Grund dafür ist, dass das Unterbewusstsein sehr beschäftigt ist mit "Multitasking", mit Tausenden von Prozessen im menschlichen Körper und so ist seine Kraft nicht (vollständig) auf Selbstheilung konzentriert. Vielleicht konzentriert sich das Unterbewusstsein auf die Verdauung oder etwas anderes (während eine Menge anderer Prozesse parallel arbeiten). Wenn du dir also bewusst Zeit für Selbstheilung und das Auflösen von Blockaden nehmen kannst, dann bekommt dein Unterbewusstsein den nötigen Impuls und fokussiert seine Aufmerksamkeit und Kraft auf dieses Thema. Das Gute ist, dass das Unterbewusstsein genau weiß, wo die Blockaden und negativen Energien sind. Es weiß auch, was zu tun ist, um sie aufzulösen. Das ist ein großer Vorteil.

Die Technik selbst ist ganz einfach. Wende sie an und beobachte, was auf allen drei Ebenen in deinem Körper in der nächsten Zeit (innerhalb von drei Tagen) passiert. Natürlich kannst du die Übung auch wiederholen. Und gewiss brauchen dein Unterbewusstsein und dein Körper Zeit für diese Arbeit - gib dem Prozess der Reinigung und Heilung genügend Zeit. Es ist möglich, dass schon in der ersten Übung eine gute Menge an Blockaden gelöst wird. In einer zweiten Runde werden weitere Blockaden gelöst und in einer dritten Runde vielleicht noch mehr oder tiefere Blockaden. Dies hängt von deiner Gesundheit und deiner inneren Balance ab - von deinen

Bedürfnissen für Reinigungsarbeit. Vielleicht sind auch schon alle Blockaden bereits in einer ersten Übung gelöst. Es hängt auch von deinen Fähigkeiten ab, in einen guten, meditativen Zustand des Geistes zu kommen. Übung macht den Meister. Es kann nützlich sein, von Zeit zu Zeit eine solche Übung zu wiederholen, da im Leben ja neue Probleme auftreten können. Folge einfach deiner Intuition wie immer.

Technik:

Begib dich in deinen Asana (Meditationshaltung). Schließe deine Augen. Jetzt konzentriere deine Aufmerksamkeit auf deine Atmung. Sage dir (geistig), dass du mit jedem Ausatmen "tiefer und tiefer" in einen Zustand voller Entspannung, in einen Zustand der Trance kommst. Alternativ oder zusätzlich kannst du dein Bewusstsein / deine Aufmerksamkeit von deinen Füßen hoch durch alle Körperregionen nach oben bis in deinen Kopf führen. Bleibe jeweils eine kurze Zeit in jeder Körperregion und stell dir vor oder sage, dass die Region sich total entspannt, warm und wohl fühlt. Damit entspannst du den ganzen Körper vollständig. Nach dieser tiefen Entspannung und Vertiefung deiner Trance fokussierst du mit deinem Bewusstsein dich in der Mitte von dir selbst bzw. Du versetzt dich in den Akasha-Punkt von deinem Mikrokosmos. Nun sage deinem Unterbewusstsein bzw. stelle dir vor, dass alle Blockaden auf der mentalen Ebene, in deiner Seele und in deinem Körper sich vollständig auflösen. Stell dir vor, dass dein Unterbewusstsein die Selbstreinigungsprozesse aktiviert. Stell dir vor, wie sich alle Blockaden auflösen und verschwinden, wie neue, frische Energien fließen und zirkulieren, wie deine Nadis geklärt werden, wie deine Chakras anfangen zu arbeiten, wie sie beginnen an diesem großartigen Prozess von Reinigung, Vitalisierung und Heilung teilzunehmen und schlechte Energien auflösen und aus deinen Chakren aussondern, wie diese Energien durch die Lunge ausgeatmet werden, wie sich dein gesamter Mikrokosmos auf allen Ebenen harmonisiert. Lass alles los was dich blockiert, lass alle schlechten Gedanken, alle schlechten Emotionen, alles was dir weh tut los. Stell dir vor, wie alle deine Wunden heilen, wie du dich auf allen Ebenen erholst. Danke deinem Unterbewusstsein für die gute Arbeit. Wiederhole diese Ideen, bis du vollständig gereinigt und geheilt bist. Dann konzentriere dich auf die Idee, dass du frische, heilende Energien einatmest, die dein Unterbewusstsein in seiner großartigen Arbeit unterstützen, bis du dich mit frischen, guten Energien gesättigt fühlst. Dann verweile einige Zeit bei der Beobachtung der Reinigungs- und Heilungsprozesse in deinem Körper. Beobachte, wie du dich immer besser und besser fühlst. Dann gehe wieder zurück in dein normales Wachbewusstsein. Sage zu dir selbst, dass du gleich bis drei zählst und mit der Nummer drei die Augen öffnest und du dich vollkommen wach, erfrischt, in der materiellen Welt, in deinem physischen Körper im Hier und Jetzt fühlst. Eins - deine Atmung und dein Blutdruck erhöhen sich auf normale Wachwerte. Atme tief ein und aus. Du wirst immer wacher und wacher. Zwei - du fühlst dich wach, erfrischt, zurück in deinem physischen Körper. Drei - du öffnest deine Augen und du bist wieder in der "normalen" Welt - zurück aus Trance.

Dies ist eine sehr effektive Übung mit vielen Vorteilen für dich. Sie hilft im normalen Leben, bei gesundheitlichen Problemen und im spirituellen Training. Ich wünsche und hoffe, dass diese Übung ein wahrer Segen für dich ist. Möge sie deinem Fortschritt dienen!

PRAXIS

Die richtige Vorbereitung für die Selbsthypnose

Im Allgemeinen ist darauf zu achten, dass alle Störquellen ausgeschaltet sind. Dies sind dein Handy, dein normales Telefon, dein PC, elektrische Geräte, Haustiere und alle Arten von Terminen, Verabredungen, etc. Das sind nur die gewöhnlichen Dinge, die du aus deinen Meditationen und vom spirituellen Training her kennst. Ungestörtheit und Ruhe sind immer zwingend erforderlich.

Du hast allgemein vier Möglichkeiten wie du vorgehst:

1. Du nimmst das Skript und konsultierst einen Hypnotherapeuten, um die gewünschten Suggestionen in dein Unterbewusstsein zu installieren. Das ist einfach und professionell, aber nicht kostenlos.
2. Du liest und verstehst die Suggestionen und wiederholst sie in deinem Kopf während deiner Selbsthypnose. Dies ist gut, einfach und nützlich. Vielleicht braucht es etwas Training, um die Suggestionen fließend sprechen zu können.
3. Du nimmst die Suggestionen als MP3-Datei auf und hörst sie über Kopfhörer oder die Lautsprecher deiner HiFi-Anlage. Das ist einfach und komfortabel, aber nicht flexibel. Normale Meditation ist nicht fixiert, sondern ein fließender Prozess. Aufgezeichnete Suggestionen sind eher eine Sache der Autosuggestion und klar definierte Teile der Selbsthypnose.
4. Du zeichnest sie auf und unterlegst sie mit spezieller hypnotischer Musik oder entsprechenden Tönen. Ich empfehle hier

die Verwendung der Software Neuro Programmer 3. Sie ist ein professionelles Werkzeug für Autosuggestion und der Gehirnwellenmodellierung für Trancezustände. Die hypnotischen Klänge helfen dir schnell einen tiefen Bewusstseinszustand für gute Resultate zu erreichen.

Es ist möglich, dass du die hypnotische Musik im Hintergrund spielen lässt, während du so vorgehst, wie ich es im zweiten Punkt beschrieben habe. Welche Option du nutzt, ist nicht nur eine Frage des Ausprobierens, sondern auch abhängig von der Frage, ob du ein Anfänger oder ein Profi in der Selbsthypnose bist. Das Ziel muss es sein, deine Selbsthypnose ohne jede Hilfe anzuwenden, so wie du auch deine Meditation selbständig durchführst. Also, wenn du möchtest, dann mach einige Experimente und finde für dich die individuelle Technik, die am besten zu deinen Bedürfnissen passt.

Gehen wir weiter zu den nächsten Punkten:

Folge einfach den Anweisungen und gib deinem Unterbewusstsein ungefähr drei Tage, um die neue Programmierung umzusetzen. Denke nicht mehr darüber nach und lass sie sich einfach realisieren. Dies bedeutet, dass du die Arbeit deines Unterbewusstseins nicht durch geistige Diskussionen in deinem Kopf - ob es funktioniert oder nicht - sabotieren solltest.

Wenn du einen Anker oder Auslöser benutzt, dann musst du ihn trainieren - verwende ihn so oft wie möglich, bis es ein automatischer Mechanismus geworden ist. Anker oder Auslöser sind Rituale, Symbole, Gesten, Objekte, die mit der gewünschten Haltung, Wirkung, Fähigkeit, Ergebnis usw. verbunden sind.

Natürlich kannst du die Texte für die Suggestionen individualisieren. Die vorgestellten Texte sind Beispiele, die zeigen, wie eine Suggestion erstellt werden kann und was wichtig ist. Du kannst sie auch erweitern oder weitere Details hinzufügen, wie du es von der Programmierung von Energien her kennst (siehe die Beschreibungen von Bardon).

Deine Selbsthypnose beginnt immer mit einer Induktion (Einleitung), die dich in einen Zustand leichter bis tiefer Trance führt. Dann kommt der Hauptteil mit den Suggestionen und schließlich wirst du wieder in den normalen Zustand des Wachseins geführt (Ausleitung). Das sind drei Teile. Die Induktion und die Ausleitung sind immer die gleichen und ihre Anwendung wird durch das Training zu einer natürlichen Gewohnheit. Je mehr du trainierst, desto einfacher, besser und schneller gehst du in den Zustand der Trance. Auch die Ergebnisse werden immer besser und natürlich wirst du auch leichter wieder zurück in deinen normalen Wachzustand kommen. Es ist wie immer nur eine Frage der Übung. All deine normalen Meditationen und auch alle Übungen der Bardon Ausbildung werden einfacher und ermöglichen bessere Ergebnisse, da alles in erster Linie eine Frage des guten Erreichens der meditativen Trance ist. Trance erlaubt dir, alle Arten von magischen Operationen und Experimenten, da deine Sinne und dein Bewusstsein auf die mentale oder astrale Ebene konzentriert sind - abgezogen von der physischen Welt.

Die Technik ist absolut sicher für dich. Falls irgendeine Art von „worst case" auftreten sollte, dann würdest du von selbst nach kurzer Zeit ohne Probleme aufwachen.

Bitte verwende immer die Induktion (Einleitung) + die Suggestionen (Thema) + das Lead-out (Ausleitung). Ich präsentiere hier nützliche Suggestionen für alle Stufen von Bardon´s Weg zum wahren Adepten plus weitere nützliche Texte für allgemeine Zwecke.

Wenn das Wort "Pause" im Skript auftaucht, dann bedeutet dies, dass du deinen Suggestionstext für ein paar Momente unterbrechen sollst, so dass du in der Lage bist die Anweisung im Trancezustand zu befolgen.

Bitte beachte, dass manche Themen nur eine kurze Zeit für die Realisierung brauchen, während andere Tage oder Wochen und Monate brauchen, insbesondere wenn die Anforderungen sehr hoch und komplex sind. Gerade der Körper braucht relativ viel Zeit für Veränderungen. Die Inder arbeiten gerne mit einem Zeitrahmen von mindestens 21 Tagen, um neue Fähigkeiten zu entwickeln und zu verankern. Also nimm dir Zeit!

Es ist sehr interessant, die Veränderungen in sich selbst zu beobachten. Du wirst erleben, dass die Zentren (Chakras) und Bereiche, die deinem Thema entsprechen aktiviert werden; auch das alte, schlechte Emotionen und Gedanken in deinem Bewusstsein als Zeichen der Reinigung und Heilung auftauchen können. Du kannst auch Zeichen für neue Fähigkeiten und Fortschritte bekommen. Sei offen für interessante Prozesse und Effekte.

Induktion

Verwende deine normale Meditationshaltung. Wähle eine Position für deine Hände oder für deine Finger, die für dich einen meditativen Zustand der Trance ausdrückt. Dies kann ein traditionelles Mudra aus Buddhismus oder Hinduismus sein. Die einfachste Form ist, deine Hände auf deine Oberschenkel zu legen. Dann programmiere dich: "Jedes Mal, wenn ich meine Hände auf meine Oberschenkel lege, gehe ich automatisch in einen meditativen Trancezustand." Mit einigen Wiederholungen im Training realisiert sich das als Gewohnheit. Die Handhaltung wird einen rituellen Charakter annehmen.

(Du kannst in der ersten Person sprechen "Ich tue ..." oder der zweiten "Du tust ...". Das ist individuell und du entscheidest. Beides funktioniert gut. Wähle einfach, was für dich am besten passt.)

"Nimm eine bequeme Sitzposition ein und führe deine Mudra (Hand / Finger-Position) aus. Halte deinen Kopf gerade und schließe die Augen. Jetzt konzentriere dich auf deine Atmung. Beobachte wie du einatmest und wie du ausatmest - einatmen und ausatmen. Nimm einen tiefen natürlichen Atemzug und dann atme aus und jedes Mal wenn ausatmest, fällst du tiefer und tiefer in einen wunderbaren Zustand der reinen Entspannung. Einatmen und Ausatmen, einatmen und ausatmen. Beobachte wie all dein Stress sich automatisch löst, wie alle Anspannung aufgelöst wird, wie du tiefer und tiefer in einen wunderbaren Zustand der reinen und absoluten Entspannung fällst. Und mit jedem Atemzug gehst du tiefer und tiefer in dieses wunderbare Gefühl der reinen Entspannung. Konzentriere dich auf diese natürliche Atmung und beobachte, wie die Luft deine Lunge füllt, wie die frische Luft deinen ganzen Körper vitalisiert und wie die verbrauchte Luft ausgeatmet wird zusammen mit all deinem Stress und allen unwichtigen Gedanken und Gefühlen. Du kannst alle Anspannungen, alles was nicht zu deiner Meditation gehört loslassen. Lass alles los und genieße die innere Ruhe und Harmonie, die deine ganze Seele, deinen Geist und Körper erfüllt - mehr und mehr mit jedem Atemzug den du nimmst. Jetzt fühle in deine Füße. Fühle in deine Füße und nimm wahr, wie entspannt sie sind. Spüre die angenehme Wärme in deinen Füßen, die Entspannung, die Leichtigkeit. Und nun fühle in deine Unterschenkel. Spüre, wie die Welle der Entspannung, der angenehmen Wärme und Leichtigkeit deine Unterschenkel mehr und mehr erfüllt. Fühle, wie entspannt und wohl sich deine Unterschenkel anfühlen. Und die Welle der angenehmen Wärme, Leichtigkeit und Entspannung strömt weiter in deine Oberschenkel. Versuche wahrzunehmen, wie deine Oberschenkel sich mit immer mehr Leichtigkeit, Wärme und einer wunderbaren Entspannung füllen. Deine Beine und Füße sind völlig entspannt, angenehm warm und voller Leichtigkeit. Nun konzentriere dich auf dein Becken und fühle, wie die Welle der Entspannung dein ganzes Becken füllt, diese wunderbare Entspannung und angenehme Wärme füllt dein ganzes Becken und breitet sich auch in deinem Bauch aus. Konzentriere dich auf deinen Bauch und fühle wie die Welle der Leichtigkeit, der angenehmen Wärme und Entspannung sich in deinem ganzen Bauch ausbreitet. Und die Welle der Entspannung fließt weiter in deine Brust, in deinen ganzen Oberkörper, in deine Wirbelsäule und deinen Rücken. Dein ganzer Körper wird von dieser wunderbaren Welle der Entspannung, Leichtigkeit und angenehmen Wärme durchströmt. Diese tiefe Entspannung, dieser tiefe innere Frieden und die Harmonie tun dir so unendlich gut. Und jetzt fühle in deine Arme, in deine Hände und fühle auch dort, wie diese großartige Welle der Entspannung, Leichtigkeit und angenehmen Wärme strömt und deine Oberarme, deine Unterarme, deine Hände und Finger erfüllt. Deine Arme und Hände sind völlig entspannt. Jetzt konzentriere deine Aufmerksamkeit auf deine Schultern und deinen Nacken und fühle, wie die Welle der Entspannung, der Leichtigkeit und der angenehmen Wärme, sich in deinen Schultern und in deinem Nacken ausbreitet. Spüre, wie deine Schultern und dein Hals sich völlig entspannen und angenehm warm werden. Und jetzt fühle in deinen Kiefer, in deine Zunge und fühle wie die Wärme, Leichtigkeit und Entspannung sich immer mehr im Kiefer, in Zunge und Mund ausbreiten. Jetzt konzentriere dich auf deine Schläfen, auf deine Augen und Augenlider. Spüre wie die Welle der Entspannung, der angenehmen Wärme und Leichtigkeit sich in deinen Schläfen, Augen und Augenlidern ausbreitet. Spüre, wie sie sich vollkommen entspannen. Und jetzt konzentriere dich auf deine Stirn und fühle, wie sie warm wird und sich entspannt, wie alle Anspannung verschwindet. Konzentriere dich auf deinen ganzen Kopf, auf deine Kopfhaut und fühle wie dein ganzer Kopf angenehm warm und leicht wird und sich immer mehr entspannt. Lenke deine Aufmerksamkeit jetzt wieder auf den ganzen Körper und fühle die tiefe und angenehme Entspannung, den Frieden und die Harmonie im ganzen Körper. Es fühlt sich so gut an, alle Anspannungen, allen Stress, alle unwichtigen Gedanken und Emotionen loszulassen. Du fühlst dich gut und absolut wohl. Du bist völlig entspannt in einem wunderbaren Zustand tiefer Trance. "

(Das ist eine lange Induktion für eine tiefe Entspannung. Später reicht auch eine kurze Induktion, da alles automatisiert ist. Die Meditationshaltung wird hier schon fast ausreichen, um den gewünschten Zustand zu erreichen. Ein paar tiefe Atemzüge versetzen dich dann schon in den meditativen Bewusstseinszustand. Der Körper ist entspannt und Geist und Seele können arbeiten.)

Die Programmierung der Mudras

Trainiere deine Mudra (Hand/Finger-Haltung) zusammen mit der Induktion und der Ausleitung mehrere Male, bis die Durchführung sich für dich ganz natürlich anfühlt und alles zur Gewohnheit geworden ist. Dann kannst du mit anderen bzw. weiteren Suggestionen arbeiten. Wenn du die Ausleitung beginnst, solltest du natürlich automatisch deine Mudra auflösen! Die Mudra wird eine große Hilfe für alle Übungen und Meditationen sein.

"Jetzt konzentriere dich auf deine Mudra. Die Position von Händen und Fingern hat eine besondere Bedeutung. Immer wenn du deine Hände und Finger in dieser speziellen Position hältst, kommst du automatisch in einen tiefen Zustand der Meditation, der Entspannung und Trance. Automatisch lösen sich all dein Stress, alle unerwünschten Gedanken und Emotionen auf und du bist bereit für die Meditation, für deine geistige und seelische Arbeit. Und jedes

Mal, wenn du die Mudra auflöst, wirst du automatisch wach, fühlst dich frisch und vital. Der Gebrauch deiner Mudra kommt dir ganz natürlich vor, wie eine Gewohnheit, die ganz automatisch funktioniert. Du musst nur deine Mudra ausführen und automatisch gehst du den Zustand der Meditation und Trance. Und jedes Mal, wenn du deine Mudra auflöst, kommst du automatisch wieder in deinen normalen Wachzustand und fühlst dich frisch und vitalisiert. Dieses Programm ist jetzt in deinem Unterbewusstsein verankert, so dass deine Mudra perfekt für dich arbeitet. "

Dein spezieller Trainingsort

In der physischen Realität sitzt du in einem Raum in deiner Wohnung oder deinem Haus für die Meditationen. Aber das ist kein „Muss“ für die geistige und astrale Wirklichkeit. Tatsächlich hängt es nur von dir ab, wo du üben möchtest. Erste Option: Für dich spielt es keine Rolle, so dass du nicht darüber nachdenken brauchst. Die physische Umgebung reicht Dir. Zweite Möglichkeit: du stellst dir einen Ort in der Natur vor, in dem du meditierst und deine Übungen durchführst - einen Ort den du liebst, wo du dich wohl fühlst und der für dich etwas Besonderes ist. Vielleicht ein Ort in einem Wald, auf einem Felsen, in den Bergen, auf einem heiligen Berg, auf einer Wiese, an einem See oder wo auch immer. Dritte Option: du stellst dir einen heiligen Tempel vor, in dem du meditierst, übst und deine magischen-mystischen Operationen durchführst.

Selbstverständlich ist die Wahl ganz individuell und dir überlassen. Wenn du einen besonderen Platz in der Natur oder einen Tempel verwendest, dann kann dies dein Training und deine Arbeit unterstützen und sie optimieren. Es kann dir helfen, deine Sinne zu entwickeln. Es kann dir auch helfen, heilige Räume mit speziellen energetischen Atmosphären zu schaffen und es kann auch ein Ort sein, wo du deinem spirituellen Führer, Meister, Brüdern und auch höhere Wesen, etc. begegnest. Während deiner Ausbildung kannst du deinen Platz / Tempel mit speziellen Räumen oder weiteren Orten für Heilung, Reinigung, für besondere Fähigkeiten, für spezielle Meditationen, für den Einsatz von speziellen Energien, oder ähnlichem erweitern. Es liegt ganz bei Dir. Tatsächlich erschaffst du deine Realität auf der mentalen und astralen Ebene nach deinen Bedürfnissen und Wünschen.

Wenn du einen Ort oder Tempel schaffen willst, dann ist es notwendig deine Ideen oder Vorstellungen davon zu stärken, indem du dir Details ausmalst. Hier könnte es helfen dich an Orte in der Natur oder Tempel zu erinnern, die du bereits besucht oder von denen du Bilder hast. Wenn deine Vision mit entsprechenden Details fertig ist, kannst du dir vorstellen an diesem Ort oder im Tempel zu sitzen und zu meditieren. Dann kannst du deine Phantasie mit allen Sinnen nutzen, um deine Vorstellung auf der mentalen und astralen Ebene zu verwirklichen. Phantasie ist die Kraft der Schöpfung. Sie ist dein Werkzeug, um deine Ideen zu Realität werden zu lassen. Sieh dich selbst an diesem Ort, sieh die Details, rieche die Luft, fühle die Atmosphäre, höre die Geräusche. Aktiviere und benutze alle deine Sinne. Lass es Wirklichkeit werden. Und jedes Mal, wenn du in deine Meditation gehst, stärkst du deine Vorstellung, deine geschaffene Realität, deinen Platz oder Tempel mit all deinen Sinnen, mit deiner Schöpferkraft, deiner Phantasie.

"Du bist jetzt im meditativen Zustand der Trance. deine Sinne sind von der materiellen Welt abgezogen und verlagern sich auf die höheren Ebenen, um die geistige und astrale Welt wahrzunehmen. Du bist jetzt auf dieser höheren Ebene der Existenz, wo deine Phantasie schöpferische Kraft hat, wo du bauen und erschaffen kannst, was auch immer du dir wünschst. Die Energie folgt deinem Willen.

Was du dir wünschst, wird sich manifestieren. Du bist nicht durch die materiellen Gesetze von Zeit und Raum begrenzt und so kannst du dich überall hinbewegen, an jeden Ort, in jede Landschaft und das jederzeit. Ein Gedanke genügt und sofort bist du dort, wo du sein möchtest. Gehe jetzt zu dem Ort, an dem du sein möchtest. Schauen dich um. Was kannst du sehen? Was kannst du hören? Was kannst du fühlen? Was riechst Du? Achte auf deine Umgebung. Und jetzt, wenn du bereit bist, erschaffe den Raum oder Tempel, den du dir vorstellst. Nutze deine Phantasie, deine Imaginationskraft mit allen Sinnen. Gib deinem Platz, die Form, Farbe, Licht, Duft, Atmosphäre, Gefühle, Eigenschaften, Funktion und Bedeutung, die du dir wünschst. Nimm dir Zeit und nutze alle deine Sinne, deine Phantasie. Und jedes Mal wenn du dich in den Zustand der Meditation begibst, wirst du automatisch an deinem Lieblingsort sein. Und du wirst deinen Platz mit allen Sinnen automatisch vervollkommnen und stärken. "

Ausleitung (Lead out)

Verwende es immer am Ende deiner Selbsthypnose.

"Es ist Zeit aufzuwachen, Zeit wieder in Wachzustand zu kommen, in das Zimmer in der materiellen Welt, in dem sich dein physischer Körper während der Sitzung befindet. Ich zähle jetzt von eins bis drei und mit jeder Zahl die ich sage, fühlst du dich wacher und wacher, frischer und vitaler und wenn ich drei sage, kannst du deine Augen öffnen. Dann fühlst du dich wirklich gut, bist vollkommen wach und völlig erfrischt. Konzentriere dich auf deine Atmung, atme tief ein und aus. Werde immer wacher und wacher. Spüre wie deine Atmung ein normales Niveau erreicht. Und auch dein Blutdruck entspricht immer mehr dem normalen Wachzustand. Du fühlst dich wacher und wacher und du atmest tief ein und aus. Zwei - du fühlst deinen physischen Körper immer deutlicher, fühle in deine Arme, Hände, deine Beine und Füße, fühle, wie die Vitalität zurückkommt in deinen physischen Körper. Jetzt strecke dich und reck Dich, mache Fäuste, bewege deine Hände und deine Füße. Auch deine Atmung kehrt zurück zu optimalen Wachwerten. Atme tief ein und aus. Beweg deinen Körper, deine Arme und Beine. Und drei - öffne deine Augen. Du bist jetzt völlig wach, erfrischt und vitalisiert. Gönne dir ein paar Minuten, um wieder vollkommen in die physische Welt zurückzukehren. "

Die Pika-Pika-Atmung

Es gibt ein paar gute Möglichkeiten, um in einen Zustand der Trance für die Selbsthypnose zu kommen. Ein Weg ist die Konzentration auf die Atmung und die Entspannung des Körpers. Eine weitere

Möglichkeit ist die progressive Muskelentspannung und eine ganz besondere ist die sogenannte Pika-Pika-Atmung.

Es ist eine sehr einfache und kraftvolle Übung, die für schnelle Selbst-Hypnose verwendet wird, für totale Entspannung und auch um Schmerzen zu stoppen.

Die Technik ist einfach: du achtest auf deine Atmung - wie du einatmest und ausatmest. Dann stellst du dir vor, dass du jedes Mal wenn du mit deiner Lunge einatmest, auch mit deinem Kopf von oben in deinen Körper einatmest. Und jedes Mal wenn du mit deiner Lunge ausatmest, atmest du gleichzeitig mit deinen Füßen aus deinem Körper aus. Dies wiederholst du mehrere Male und du wirst erleben, dass du dabei sehr schnell in einen hypnotischen Trancezustand gehst, in einen Zustand der totalen Entspannung, wo du keine Schmerzen fühlst und dich nicht mehr bewegst.

Es ist die führende Technik für schnelle Selbsthypnose, totale Entspannung und um Schmerzen zu stoppen.

Der Grad der Trance ist abhängig von der Anzahl dieser speziellen Atemzüge, die du verwendest. Ein paar Atemzüge bringen dich bereits in einen Zustand von Trance, der für die Selbsthypnose gut geeignet ist. Wenn du mehr Atmungen machst, dann gehst du in den tiefst möglichen Zustand der Entspannung und Trance, kannst dich dann aber nur entspannen und erholen. Tiefste Trance ist für Suggestionen ungeeignet. Nach einer Weile kehrst du automatisch in den normalen Zustand zurück.

So, wenn du magst kannst du einige Experimente mit dieser speziellen Technik machen und du kannst es anstelle meiner vorgeschlagenen Ateminduktion verwenden.

Selbsthypnose für Bardons 10 Stufen Training

Bardon präsentiert eine Menge von Übungen und Ziele, die es zu verwirklichen gilt. Es ist nicht immer sinnvoll, für jede Übung oder Fähigkeit eine eigene Selbsthypnose zu benutzen. Manchmal ist es nützlich, eine Zielimagination zu verwenden, manchmal sind eine Prozess- und eine Zielimagination zusammen sinnvoll. Du kannst natürlich die Texte individualisieren und für dich optimieren oder manche Sachen einfach weglassen - ganz so wie du es brauchst. Die Verwendung der nachfolgenden Suggestionen bleibt völlig dir überlassen und ist kein „Muss“. Die Texte dienen in erster Linie als gute, praktische Beispiele und Hinweise für die eigene Praxis.

ERSTE STUFE - SUGGESTIONEN

ZUSAMMENFASSUNG DER ÜBUNGEN VON STUFE I:

Magische Geistes-Schulung:

1. Gedankenkontrolle
2. Gedankenzucht
3. Gedankenbeherrschung
   a. Kontrolle der Gedanken zweimal täglich 5-10 Minuten
   b. Nichtaufkommenlassen bestimmter Gedanken. Festhalten eines gewissen selbsterwählten Gedankens. Erzeugung der Gedankenleere.
   c. Anlegung eines magischen Tagesbuchs. Selbstkritik. Planlegung von Gedankengängen für den kommenden Tag oder die kommende Woche.

Magische Seelen-Schulung:

1. Introspektion oder Selbsterkenntnis
2. Herstellung des weißen und schwarzen Seelenspiegels in Bezug auf die Elemente und jedes davon in drei Wirkungsbereichen.

Magische Körper-Schulung:

1. Angewöhnung einer normalen und vernünftigen Lebensweise.
2. Morgengymnastik.
3. Bewusste Atemübung.
4. Bewusstes Essen (Geheimnis der Eucharistie).
5. Magie des Wassers.

Magische Geistes-Schulung: (I) – Suggestionen

Gedankenbeobachtung

"Ich kann meine Gedankengänge leicht beobachten. Wie ein stiller Beobachter folge ich dem Gedankengang, der durch mein Bewusstsein strömt. Ich verstehe und fühle, dass ich Bewusstsein bin und dass meine Gedanken Gäste sind, die kommen und gehen. Es ist interessant, die Vielfalt der Gedanken bewusst wahrzunehmen, die durch meinen Geist fließen. Ich kann beobachten, woher sie kommen und warum sie erscheinen. Ich kann wahrnehmen, wie sie kommen und mein Bewusstsein auch wieder verlassen. Ich kann beobachten, wie mein Geist, mein Verstand mit ihnen arbeitet, wie ein Gedanke einem anderen folgt, wie Gedanken zerlegt und zusammengesetzt werden. Es fühlt sich so einfach und natürlich für mich an, meine Gedanken zu beobachten. Je mehr ich sie beobachte, desto weniger kommen in mein Bewusstsein. Und je weniger sie kommen, desto besser kann ich sie beobachten. Es fühlt sich einfach und natürlich für mich an, die Gedanken zu beobachten, die durch meinen Geist strömen. "

Gedankenkontrolle

"Ich kann meine Gedanken kontrollieren. Ich bin in der Lage, die Art von Gedanken zu bestimmen, die in mein Bewusstsein kommen. Es fühlt sich natürlich an zu kontrollieren welcher Art von Gedanken ich erlaube in meinem Bewusstsein aufzutauchen. Ich weiß, dass es nützliche Gedanken gibt, Gedanken, die zu der gegenwärtigen Situation passen in der ich gerade bin und dass es Gedanken gibt die überhaupt nicht nützlich sind, die meine Konzentration stören, die mich und meine Arbeit sabotieren. Den guten und nützlichen Gedanken erlaube ich den Zutritt zu meinem Bewusstsein. Alle anderen Gedanken stoppe ich und halte sie außerhalb von meinem Geist. Ich habe immer die volle Kontrolle über den Inhalt meines Bewusstseins. Ich wähle stets bewusst die richtige Art von Gedanken für meine gegenwärtige Situation. Das Steuern der Gedanken fühlt sich einfach und natürlich für mich an. Es ist auch einfach, unerwünschte Gedanken aus meinem Kopf herauszuhalten und gute und nützliche Gedanken einzuladen. "

VOLLE KONZENTRATION

"Was immer ich tue, mache ich mit voller Aufmerksamkeit, mit meiner vollen Konzentration. Ich kann mein Bewusstsein, meine Aufmerksamkeit ganz auf die Dinge konzentrieren, mit denen ich beschäftigt bin und auf die Situation, die ich gerade erlebe. Es fühlt sich einfach und natürlich für mich an, mich ganz auf die gegenwärtige Situation und meine gegenwärtige Tätigkeit zu konzentrieren. "

KONZENTRATION

"Ich kann mich auf jede Art von Gedanken, oder Ideen leicht konzentrieren. Meine Konzentration ist perfekt und funktioniert frei von Störungen und Unterbrechungen. Meine Konzentration ist wie ein Laserstrahl, einfach perfekt und kraftvoll. Meine Konzentrationsfähigkeiten verbessern, stärken und verfeinern sich täglich. Es fühlt sich einfach und natürlich für mich an, meine Aufmerksamkeit auf etwas zu konzentrieren und sie zu halten, solange ich will. Ich kann mich auf alles konzentrieren, was ich möchte. Meine Konzentration ist mächtig und stabil. Meine Konzentration funktioniert perfekt, solange ich will und ohne Störung oder Unterbrechungen."

Gedankenleere

"Ich bin in der Lage den Zustand der Gedankenleere herzustellen und zu halten ohne das irgendwelche Gedanken aufkommen. Je mehr ich mich auf die Stille des Geistes konzentriere, desto leichter und besser erreiche ich diesen Zustand. Meine Fähigkeit, die Stille des Geistes zu halten, wächst von Tag zu Tag. Es fühlt sich immer einfacher und natürlicher für mich an die Gedankenleere herzustellen und sie zu halten. Ich bin mir bewusst, dass die Stille des Geistes mich mit der Quelle des Lebens, mit Akasha, mit dem Urgeist verbinden kann und so öffne ich mich Gott, um göttliche Intuition, göttliche Inspiration und göttliche Führung zu empfangen. Ich öffne mich, um den göttlichen Geist zu empfangen. Ich weiß, dass die Stille des Geistes mich zum perfekten Gefäß für die Erleuchtung macht so wie ein Kristallglas perfekt geschaffen ist, um kostbaren Wein zu empfangen. Ich bin bereit, den göttlichen Geist zu empfangen. Ich bin bereit, Erleuchtung zu empfangen. Ich bin vollkommen in der Stille des Geistes. Ich kann die Gedankenleere leicht herstellen und beibehalten. "

Magische Seelen-Schulung: (I) – Suggestionen

Selbstkritik

"Ich übe mich täglich in der Selbstanalyse, damit ich mein Selbstbewusstsein und meine Selbsterkenntnis hebe. Ich übe mich täglich in der Selbstkritik, um meine Störungen und Ungleichgewichte zu entdecken, um mich erfolgreich zu vervollkommnen. Ich weiß, wie wichtig es ist mich täglich zu analysieren, um mir meiner Fehler und Disharmonien bewusst zu werden. Ich weiß, wie wertvoll es ist, mich von schlechten Eigenschaften zu befreien und meine Persönlichkeit zu einer höheren Form der inneren Harmonie und des Friedens zu verfeinern. Es fühlt sich für mich natürlich an über mein Verhalten, über meine Gedanken und Emotionen nachzudenken. Es unterstützt mein Selbstbewusstsein und meine Aufmerksamkeit. Es verbessert mein Leben und meine Beziehungen. Selbstkritik hilft mir meine Persönlichkeit zu verfeinern und mich wirklich kennen zu lernen. "

Seelenspiegelarbeit

"Ich habe tiefe Einblicke in meine Fehler, meine Gewohnheiten, meine Wünsche, meine Triebe und meine Eigenschaften. Ich habe eine gute Intuition die mir hilft, alles den vier Elementen in meinen Seelenspiegeln zuzuordnen. Mein Verständnis der vier Elemente in Bezug auf die menschliche Persönlichkeit, auf Geist und Seele wächst täglich. Immer besser verstehe ich die Prinzipien der vier Elemente. Ich bin dankbar, dass ich durch meine Selbstanalyse und Seelenspiegelarbeit vollständige Selbsterkenntnis erhalte. Ich kenne all meine schlechten Eigenschaften und Disharmonien und ich kenne auch alle meine guten Eigenschaften und Stärken."

Magische Körper-Schulung: (I) – Suggestionen

Mäßigkeit

"Ich kenne den großen Wert von Mäßigkeit und Harmonie im Leben. Harmonie ist eine göttliche Tugend. Harmonie bedeutet Gesundheit, innerer Frieden und Zentriertheit. Tag für Tag integriere ich mehr und mehr Mäßigkeit und Harmonie in meinem Leben. Harmonie und Mäßigkeit manifestieren sich mehr und mehr in allen Aspekten meines Lebens. Ich genieße die innere Balance, die gute Gesundheit, den inneren Frieden. Ich fühle mich zentriert in mir, zentriert in meinem Leben, zentriert in meiner Seele. Es ist die Haltung des Meisters, die Einstellung für wahren Erfolg. Mäßigkeit und Harmonie verbessern mein Leben. "

Körpertraining

"Ich mag die körperlichen Übungen wie den Gebrauch der weichen Bürste für meine Haut, das Waschen mit kaltem Wasser und die Morgengymnastik. Es fühlt sich gut für mich an, die Übungen täglich zu tun, da es meine Gesundheit und Fitness unterstützt. Es fühlt sich gut an, meine Haut zu reinigen, mich mit kaltem Wasser zu waschen. Die Morgengymnastik tut mir gut. Das alles fühlt sich so natürlich und gut für mich an. Es ist eine wunderbare Gewohnheit, die ich mein ganzes Leben lang beibehalte. Das körperliche Training tut mir gut und ich liebe es. "

Das Geheimnis der Atmung

"Ich atme ein und atme aus in einer ganz natürlichen und tiefen Art und Weise. Ich atme ein und aus ganz natürlich mit meinem Brustkorb und meinem Bauch. Während ich meine natürliche Atmung beibehalte, arbeite ich zusätzlich mit meiner Imagination. Ich imprägniere die Luft mit meinem Wunsch - einer nützlichen Idee, einem Gedanken oder einem Gefühl. In der Tat enthält die Luft jetzt meinen Wunsch und ich kann die imprägnierte Luft mit meiner Imagination einatmen. Ich atme durch meine Nase die frische Luft zusammen mit meinem Wunsch ein. Es ist so einfach die natürliche Atmung mit meiner Imagination zu kombinieren. Durch diese magische Atmung atme ich ein was ich wünsche und nähre meinen Geist und meine Seele. Die Ideen, Gedanken und Gefühle fließen mit der frischen Luft in meine Lunge und damit gelangen sie in meinen Blutkreislauf, in meinen ganzen Körper, in Geist und Seele. Es fühlt sich leicht und natürlich für mich an, mit meiner Imagination die Luft zu imprägnieren die ich einatme, um meine Wünsche in meiner Persönlichkeit zu manifestieren. "

Das Geheimnis der Eucharistie

"Wie die Luft kann ich Speisen und Getränke mit meinen Wünschen imprägnieren. Es ist nur eine Frage der Imagination und so fühlt es sich einfach und natürlich an, meine Mahlzeiten und Getränke mit meinen Wünschen zu imprägnieren. Ich weiß, dass meine Speisen und Getränke meine Wünsche enthalten und dass ich nicht nur meinen physischen Körper nähre, sondern auch meinen Geist und meine Seele und damit meine Wünsche verwirkliche. Ich esse und trinke immer mein imprägniertes Essen ganz bewusst. Von Tag zu Tag fühle ich mehr und mehr, wie ich meinen Wunsch zusammen mit dem Essen aufnehme. Ich fühle wie sich mein Wunsch in meine Persönlichkeit integriert und realisiert. Ich imprägniere gerne Lebensmittel und Getränke und nehme sie bewusst zu mir, da es ein magisches Ritual ist. "

Die Segnung von Essen

"Ich weiß, dass ich mein Essen mit meinen Händen segnen kann. Ich halte meine Hände über meine Mahlzeit oder mein Getränk und versetze mich in eine spirituelle Stimmung, in einen Zustand der Einheit mit Gott. Ich fühle diese wunderbare Verbindung. In diesem Zustand lasse ich die geistigen Energien von meinen Händen in meine Nahrung fließen. Die Energie folgt meinem Wunsch, meinem Willen und meiner Imagination. Die Energie folgt immer der Absicht. Und so spüre ich, wie die spirituellen Energien in mein Essen oder Getränk fließen. Ich weiß, dass ich diesen Energiefluss mit meinen guten Wünschen imprägnieren kann, so dass sie sich realisieren, wenn ich esse und trinke. Dann esse ich meine Mahlzeit bewusst und kann die höhere Energie, den besseren Geschmack meiner Nahrung wahrnehmen und ich weiß, dass sich mein Wunsch verwirklichen wird. "

Die Magie des Wassers

"Jedes Mal wenn ich mich mit kaltem Wasser wasche, werden alle meine Fehler, schlechte Eigenschaften, Stress usw. vom Magnetismus des Wassers absorbiert und abgewaschen. Jedes Mal wenn ich meine Hände mit kaltem Wasser reinige, absorbiert das Wasser alle Dinge, die ich nicht will, alle schlechten Energien, allen Stress, alle Disharmonien, etc. Jedes Mal, wenn ich dusche reinige ich nicht nur meinen Körper, sondern ich reinige auch meine Seele und meinen Geist. Ich spüle alle schlechten Einflüsse, schlechte Gedanken und schlechte Emotionen in den Abfluss. Ich wasche alles ab, was ich nicht will. Und jedes Mal, wenn ich die Toilette benutze, befreie ich mich ebenfalls von allen negativen Energien meines Geistes und meiner Seele. Es fühlt sich gut an, alle schlechten Energien, alle schlechten Gedanken und Gefühle dem kalten Wasser zu übergeben, wenn ich mich wasche und wenn ich die Toilette benutze. Ich befreie mich automatisch von allen Unreinheiten meines Geistes und meiner Seele. Es ist eine gute Angewohnheit, die unerwünschten Energien in das Wasser abzugeben, das in den Abfluss fließt."

WASSERIMPREGNATION

"Ich kann kaltes Wasser mit meiner Imagination, mit meinen Wünschen, Gedanken und Gefühlen leicht imprägnieren. Es ist wie das Imprägnieren von Luft, Essen und Getränken. Ich muss nur meine Imagination auf das Wasser konzentrieren und das Wasser empfängt und hält meinen Wunsch. Wenn ich in das imprägnierte Wasser eintauche, geht der Wunsch in meinen Körper, meinen Geist und meine Seele über, um sich zu verwirklichen. Es fühlt sich natürlich und einfach für mich an, kaltes Wasser mit meinen Wünschen und meiner Vorstellungskraft zu imprägnieren. "

AUTOSUGGESTION

"Mein Unterbewusstsein unterstützt mich in meiner geistigen Entwicklung, in der Erreichung aller meiner Ziele und Ideale. Mein Unterbewusstsein unterstützt meine Vervollkommnung und die Entwicklung neuer Fähigkeiten. Mein Unterbewusstsein hat eine positive Einstellung und unterstützt alle meine Herzenswünsche. Die Arbeit mit meinem Unterbewusstsein liefert immer gute Ergebnisse und fühlt sich einfach und natürlich für mich an. Intuitiv finde ich die richtigen Worte und Formulierungen für meine Autosuggestionen. Mein Unterbewusstsein empfängt leicht meine Wünsche und arbeitet erfolgreich an ihrer Verwirklichung. "

ZWEITE STUFE - SUGGESTIONEN

ZUSAMMENFASSUNG DER ÜBUNGEN VON STUFE II:

Magische Geistes-Schulung:

1. Autosuggestion oder die enthüllten Rätsel des Unterbewusstseins.
2. Konzentrationsübungen:
   a) visuell
   b) akustisch
   c) gefühlsmäßig
   d) mit dem Geruch
   e) mit dem Geschmack

Die Übungen betreffend das Ausschalten der Gedanken (negativer Zustand) werden weiter vorgenommen und vertieft.

Magische Seelen-Schulung:

Astral-magisches Gleichgewicht in Bezug auf die Elemente, Charakterumbildung oder Veredelung:

a) durch Bekämpfung oder Beherrschung
b) durch Autosuggestion
c) durch Transmutation oder Umformung in die entgegengesetzte Eigenschaft.

Magische Körper-Schulung:

1. bewusste Porenatmung
2. bewusste Körperhaltung
3. Körperbeherrschung im praktischen Leben nach Belieben.

Vor dem Einschlafen sind die schönsten und reinsten Gedanken aufrechtzuerhalten und in den Schlaf hinüberzunehmen.

Magische Geistes-Schulung: (II) – Suggestionen

Konzentrationsfähigkeit

"Meine Konzentrationsfähigkeit steigert sich von Tag zu Tag. Mit jeder Übung wachsen, verfeinern und stärken sich meine Konzentrationsfähigkeiten. Mit der natürlichen Entwicklung meiner Konzentrationsfähigkeit verbessert sich auch meine Willenskraft täglich, steigert und verstärkt sich. Tag für Tag wird meine Konzentration immer besser, stärker und feiner."

Visuelle Imagination

"Meine visuellen Imaginationsfähigkeiten entfalten sich Tag für Tag mehr und mehr. Es fühlt sich für mich leicht an meine visuelle Vorstellungskraft zu nutzen. Meine Fähigkeiten in der visuellen Imagination erhöhen, stärken und verfeinern sich täglich mit jeder Übung die ich mache. Mein Unterbewusstsein unterstützt die Entwicklung meiner visuellen Vorstellungskraft, damit sie sich leicht und schnell entfalten kann. Ich kann mir alle Details eines Gegenstandes leicht merken und so ist es einfach für mich, sie in meiner Imagination zu reproduzieren. Meine visuelle Vorstellungskraft ist groß und es macht mir Spaß sie zu benutzen. Ich benutze sie ganz natürlich jeden Tag und verbessere so ich meine Fähigkeiten dauerhaft. Es fühlt sich leicht für mich an alle Arten von Objekten zu visualisieren. "

GEHÖRIMAGINATION

"Meine auditiven Imaginationsfähigkeiten entwickeln sich Tag für Tag immer mehr. Es fühlt sich für mich leicht an meine auditive Vorstellungskraft zu nutzen. Meine Fähigkeiten in der auditiven Imagination erhöhen, stärken und verfeinern sich täglich mit jeder Übung die ich mache. Mein Unterbewusstsein unterstützt die Entwicklung meiner auditiven Vorstellungskraft, so dass sie sich am besten entfalten kann. Ich kann mir alle Details von Geräuschen, Tönen oder Musik leicht merken und so ist es einfach, sie in meiner Vorstellung zu reproduzieren. Die auditive Vorstellungskraft ist großartig und macht Spaß. Ich benutze sie ganz natürlich jeden Tag und verbessere so ich meine Fähigkeiten dauerhaft. Es fühlt sich leicht an mir alle Arten von Klängen vorzustellen. "

GEFÜHLSIMAGINATION

"Meine Gefühlsimagination entfaltet sich täglich immer mehr und mehr. Es ist für mich leicht meine Gefühlsimagination zu nutzen. Meine Fähigkeiten in der Gefühlsimagination erhöhen, stärken und verfeinern sich täglich mit jeder Übung die ich mache. Mein Unterbewusstsein unterstützt die Entwicklung meiner Gefühlsimagination, damit sie sich bestmöglich entfalten kann. Ich kann mir alle Details meiner Empfindungen leicht merken und so ist es einfach sie in meiner Vorstellung zu reproduzieren. Die Gefühlsimagination ist großartig und macht mir Spaß. Ich benutze sie ganz natürlich jeden Tag und so verbessere ich meine Fähigkeiten dauerhaft. Es gelingt mir leicht mir alle möglichen Empfindungen und Gefühle vorzustellen. "

Geruchsimagination

"Meine olfaktorische Imaginationsfähigkeit entfaltet sich Tag für Tag immer mehr. Es ist für mich leicht meine Geruchsimagination zu benutzen. Meine Fähigkeiten in der Geruchsimagination steigern, stärken und verfeinern sich täglich mit jeder Übung die ich mache. Mein Unterbewusstsein unterstützt die Entwicklung meiner olfaktorischen Imaginationskraft, so dass sie sich bestmöglich entfaltet. Ich kann mir alle Details eines Duftes oder Geruchs leicht merken und sie so auch gut in meiner Vorstellung reproduzieren. Die Geruchsimagination ist großartig und macht Spaß. Ich benutze sie jeden Tag und verbessere so meine Fähigkeiten dauerhaft und einfach. Es fühlt sich leicht an, mir alle Arten von Düften und Gerüchen vorzustellen."

Geschmacksimagination

"Meine Geschmacksimagination entfaltet sich Tag für Tag mehr und mehr. Es fühlt sich für mich leicht an meine Geschmacksimagination anzuwenden. Mit jeder Übung stärke und verbessere ich meine Fähigkeiten in der Geschmacksimagination. Mein Unterbewusstsein unterstützt mich in der Entwicklung meiner Geschmacksimagination, so dass sie sich bestmöglich entfalten kann. Ich kann mir alle Details eines Geschmacks leicht merken und kann so auch jeden Geschmack in meiner Vorstellung reproduzieren. Die Geschmacksimagination macht mir Spaß. Ich benutze sie jeden Tag und so verbessere ich meine Fähigkeiten dauerhaft. Es gelingt mir leicht mir alle möglichen Geschmacksrichtungen vorzustellen."

Imagination mit offenen Augen

"Meine Vorstellungskraft mit allen Sinnen entwickelt sich Tag für Tag erfolgreich weiter und so gelingt es mir immer leichter meine Imaginationsübungen auch mit offenen Augen zu machen. Meine Konzentration funktioniert gut und ich kann alles mir vorstellen, während meine Augen offen sind. Ich entwickle wahre Meisterschaft in der visuellen Imagination, in der akustischen Imagination, in der Gefühlsimagination, der Geruchsimagination und in der Geschmacksvorstellung. Die Imagination mit allen Sinnen wird immer mehr zu einer natürlichen Gewohnheit für mich die ich jeden Tag erfolgreich nutze. Die Anwendung der Imagination bringt große Vorteile in meinem Leben. "

Magische Seelen-Schulung: (II) – Suggestionen

Systematische Anwendung der Autosuggestion

"Ich verwende Autosuggestion und Selbsthypnose systematisch für alle Zwecke in meinem spirituellen Training. Mein Unterbewusstsein unterstützt mich bei der Verwirklichung meiner magischen Fähigkeiten und mystischen Qualitäten. Mit Autosuggestion und Selbsthypnose sind meine Fortschritte effizient und stabil. Mein Unterbewusstsein ist gut trainiert in der Manifestation meiner Wünsche. Es ist großartig zu sehen wie schnell und erfolgreich sich meine Wünsche dank der Arbeit meines Unterbewusstseins verwirklichen."

Seelenveredelung

"Während des Trainings arbeite ich weiter an der Verfeinerung meines Charakters, meiner Persönlichkeit. Es fühlt sich gut an mich zu veredeln, meine höhere Natur zu entfalten. Ich weiß, dass es verschiedene Möglichkeiten gibt mit meinen schlechten Eigenschaften zurechtzukommen, mit meinen niederen Begierden und schlechten Gewohnheiten. Ich weiß, dass ich Autosuggestion verwenden kann, um meine Gedankenmuster, meine Gefühls- und Verhaltensmuster neu zu programmieren. Ich weiß, dass es gut funktioniert und dass mein Unterbewusstsein mich in meinem Veredelungsprozess unterstützt. Das Umprogrammieren selbst ist wie das Setzen neuer guter Samen, wo vorher das Unkraut gewesen ist und sie wachsen zu lassen. Alternativ kann ich schlechtes Verhalten mit meinem starken Willen bekämpfen und es kontrollieren. Ich weiß, dass meine Willenskraft stärker ist als jede schlechte Angewohnheit, schlechte Eigenschaft oder jegliches schlechtes Verhalten. Mit meinem starken Willen bin ich in der Lage das Böse zu stoppen, bevor es auszubrechen droht oder sich zeigt. Und so verliert es seine Macht und verschwindet von selbst. Und selbst wenn es eine starke Energie gibt die ausbrechen will, weiß ich dass ich nur einige Momente warten muss bis die Energie von alleine, ganz natürlich abnimmt, so dass ich die Kontrolle behalten kann. Aber ich habe auch noch eine dritte Möglichkeit. Durch tiefe Meditation kann ich die schlechte Qualität in die entgegengesetzte Qualität umwandeln. In der Tat ist dies auch eine Form der Selbsthypnose. Ich meditiere über das schlechte Verhalten oder die Gewohnheit und analysiere, in welcher Situation es auftritt, wie es sich anfühlt, welcher Schlüsselreiz notwendig ist, um mein Verhalten zu provozieren. Dann stelle ich mir die gleiche Situation, den gleichen Schlüsselreiz aber mit einem positiven Verhalten vor. So ändere ich die Realität. Ich mache eine neue, positive Erfahrung, die mich bei der nächsten Situation positiv reagieren lässt. Je besser meine Vorstellungskraft und Meditation arbeiten, desto besser und einfacher wird die Veränderung später in der Realität sein. Und die Energie die ich für das unerwünschte Verhalten verwendete, verwandelt sich in die Energie für das positive Verhalten. Mein Unterbewusstsein und meine Meditation helfen mir, diese Umwandlung durchzuführen. Es ist Alchemie und es ist nur eine Frage meiner Imagination, meiner Willenskraft und Absicht. Für meine Fortschritte und Veredelung benutze ich alle Techniken erfolgreich. Ich folge meiner Intuition, welche Technik am besten für das einzelne Problem passt. Es ist großartig zu erfahren, wie ich mich Tag für Tag vervollkommne und wie all meine Probleme immer mehr verschwinden. "

Magische Körper-Schulung: (II) – Suggestionen

Bewusste Porenatmung

"Ich habe gelernt meine tiefe natürliche Atmung zu beobachten, wie mein Brustkorb und Bauch sich bewegen wenn ich ein- und ausatme, in einem natürlichen und gleichmäßigen Rhythmus. Während ich diese natürliche Atmung beibehalte, kann ich meine Vorstellungskraft auf die Idee fokussieren, dass auch mein ganzer Körper einatmet und ausatmet. Dass von allen Seiten lebenswichtige Energie in meinen Körper eindringt wenn ich einatme, und dass verbrauchte Energien ausströmen wenn ich ausatme. Ich atme die Lebensenergie von allen Seiten mit meinem ganzen Körper ein und ich atme die verbrauchten Energien zu allen Seiten mit meinem ganzen Körper aus. Es fühlt sich immer einfacher und natürlicher für mich an mit meinem ganzen Körper ein- und auszuatmen. Ich spüre wie die Lebensenergie in meine Haut eindringt und ich kann fühlen, wenn die Energie meinen Körper verlässt. Ich weiß, dass nicht mein physischer Körper atmet. Es ist mein energetischer Körper der in der Lage ist die Lebensenergie, ja alle Arten von Energie einzuatmen und auszuatmen. Es ist alles eine Frage meiner Vorstellungskraft und meines Willens. Die Energien folgen immer meiner Absicht. Tag für Tag werde ich mehr und mehr ein Meister der Lebensenergie und der Porenatmung. Es fühlt sich so natürlich an mit dem ganzen Körper zu atmen. Ich weiß, dass ich die Lebensenergie die mich umgibt mit meinen Wünschen imprägnieren kann, wie ich es mit Luft, Essen und Getränken mache. Porenatmung erlaubt mir große Mengen an Energie aufzunehmen die mit meinen Wünschen, meinem Willen und meiner Vorstellung angereichert sind. Ich kann leicht die normale Atmung mit meinen Lungen mit der Porenatmung kombinieren. Wenn ich mag, kann ich mich auch nur auf das Ausatmen schlechter Eigenschaften, Stress, verbrauchter Energien usw. mit meinem ganzen Körper konzentrieren. Meine Intuition zeigt mir die Vielfalt der Möglichkeiten und Techniken die ich für die Atmung und die Arbeit mit vitaler Energie nutzen kann."

Kontrolle des Körpers

"Ich kann ruhig und bequem in meinem Asana sitzen. Meine Wirbelsäule bleibt gerade. Meine Füße sind zusammengehalten, so dass sie einen rechten Winkel mit meinen Knien bilden. Mein Körper fühlt sich entspannt an und meine Hände ruhen auf meinen Oberschenkeln. Es fühlt sich wirklich komfortabel für mich an. Während mein physischer Körper vollständig entspannen kann, kann ich mich auf meine geistig-seelische Arbeit, auf meine Meditationen und mentalen Übungen konzentrieren. Mein Körper gewöhnt sich an die Asana mehr und mehr jeden Tag, so dass mein Körper automatisch entspannt, wenn ich meine Asana einnehme. So brauche ich kaum noch Zeit um mich zu entspannen. Im Gegenteil komme ich einfach und automatisch in den richtigen

Bewusstseinszustand für die Meditation, sobald mein Körper in der Asana ist. Die Körperhaltung wirkt sehr gut für mich und unterstützt all meine spirituelle Arbeit und meine Ausbildung."

Kontrolle der Bedürfnisse

"Ich habe die volle Kontrolle über alle Bedürfnisse meines Körpers. Gemäß dem Grundsatz Geist über Materie, bin ich der Meister meines Körpers und ich habe die Kontrolle über alle Bedürfnisse und Wünsche. Natürlich kümmere ich mich um meinen Körper um ihn gesund und fit zu halten."

Vor dem Einschlafen

"Bevor ich einschlafe, kultiviere ich die schönsten und reinsten Gedanken in meinem Bewusstsein und nehme sie mit in meinen Schlaf. Diese wunderbaren und reinen Ideen dienen meiner inneren Harmonie und meiner Veredelung und so schlafe ich jede Nacht sehr gut."

DRITTE STUFE - SUGGESTIONEN

ZUSAMMENFASSUNG DER ÜBUNGEN VON STUFE III

Magische Geistes-Schulung:

1. Gedankenkonzentration mit 2-3 Sinnen auf einmal.
2. Gedankenkonzentration auf Gegenstände, Landschaften, Orte.
3. Gedankenkonzentration auf Tiere und Menschen.

Magische Seelen-Schulung:

Elementeatmung im ganzen Körper:

a) Feuer - Wärme
b) Luft - Leichtigkeit
c) Wasser - Kälte
d) Erde - Schwere

Magische Körper-Schulung:

1. Beibehaltung von Stufe I, die zur Gewohnheit werden muss.
2. Lebenskraftstauung:
    a. Durch Lungen- und Porenatmung im ganzen Körper
    b. In den einzelnen Körperteilen

Anhang zu Stufe III:

1. Raumimprägnierung für Gesundheit, Erfolg usw.
2. Biomagnetismus

Magische Geistes-Schulung: (III) – Suggestionen

Die vier Säulen von Salomons Tempel

"Ich weiß, wie wichtig die vier Säulen von Salomons Tempel sind. Wissen, Wollen, Wagen und Schweigen sind die Säulen der wahren Meisterschaft des göttlichen Tempels, der sich in meiner Persönlichkeit verwirklicht. Alle vier Säulen entwickeln und integrieren sich kontinuierlich von Tag zu Tag mehr und mehr in meiner Persönlichkeit. In meinem Mikrokosmos wachsen und entfalten sich Wissen, Wagen, Wollen und Schweigen, so dass ich die Meisterschaft erreiche und jeden Tag gute Fortschritte mache. "

Konzentration mit 2-3 Sinnen auf einmal

"Ich habe mich an die Imagination mit allen Sinnen gewöhnt. Es fühlt sich einfach und natürlich für mich an die Imagination mit den einzelnen Sinnen zu nutzen. Ich fühle, dass ich in der Lage bin 2-3 Sinne sofort für meine Imagination zu verwenden. Dies verbessert meine Ausbildung und ich liebe es so zu arbeiten. Es ist leicht, mich auf eine Sache zu konzentrieren, während ich gleichzeitig mehrere Sinne benutze. Meine Imagination wird lebendig. Tag für Tag gewöhne ich mich immer mehr an die Konzentration mit mehreren Sinnen auf einmal. Meine Imagination arbeitet immer besser und ich freue mich wirklich über die guten Ergebnisse. Ich kann mir alle möglichen Gegenstände, Orte, bewegte Tiere und Menschen vorstellen. Es bringt so viel Spaß und fühlt sich so real an. Meine Imagination entwickelt sich so gut, dass ich mir auch die Gegenstände mit offenen Augen vorstellen kann. Es ist erstaunlich und ich bin so dankbar für diese großartigen Fähigkeiten."

ATMUNG DER ELEMENTE

"So wie ich mit meiner Lunge und meinem ganzen Körper Lebensenergie atmen kann, bin ich auch in der Lage die vier Elemente mit ihren unterschiedlichen Eigenschaften zu atmen. Das Feuer Element ist warme, expansive Energie, das Luft-Element ist leicht, das Wasser-Element ist kühle Energie und das Erd-Element ist schwere, dichte Energie. Durch meine Imaginationsübungen mit der Gefühlsvorstellung, fällt es mir leicht mich auf die Empfindungen der vier Elemente zu konzentrieren. Es ist einfach für mich, mich im Zentrum einer Elemente Energie mit der entsprechenden Empfindung vorzustellen. Und mit meinen Konzentrationsfähigkeiten kann ich die Empfindung stärken, damit sie sich auch auf der Astralebene manifestiert, sodass ich sie wirklich fühlen kann. Da ich an Porenatmung gewöhnt bin, fühlt es sich natürlich leicht an die Elemente Energien einzuatmen und auszuatmen. Nach jeder Übung kann ich die Elementenergie vollständig von meinem Körper in das Universum auflösen. Die Elementenergien reinigen meinen Geist, meine Seele und meinen Energiekörper. Sie reinigen mich, sie heilen mich, sie harmonisieren mich, sie verfeinern mich und sie helfen mir, eine vollständige Meisterschaft in der Kontrolle und Arbeit mit den vier Elementen zu gewinnen. Die Atemübungen mit den vier Elementen ist wirklich alchemistische Arbeit, die mir hilft, mich weiter zu vervollkommnen. Ich gewöhne mich mehr und mehr an die Energien der Elemente in meinem Mikrokosmos. Ich arbeite gerne mit den Elementen in meiner Seele."

Magische Körper-Schulung: (III) – Suggestionen

Lebensenergieatmung in den Körperteilen

"Durch mein intensives Training der Atmung der Lebensenergie mit meiner Lunge und auch mit meinem ganzen Körper, bin ich es gewohnt mich und alle Arten von Objekten mit Lebensenergie aufzuladen. Es ist einfach nur eine Sache von meinem Willen und meiner Vorstellungskraft. In der Tat kann ich alles mit Lebensenergie aufladen unabhängig von Zeit und Raum, unabhängig von Größe, Form und Beschaffenheit. Es ist alles nur eine Frage meiner Imagination. Die Energie folgt immer meiner Absicht. Bis jetzt habe ich meinen ganzen Körper mit Lebensenergie aufgeladen, aber es ist auch leicht, einzelne Regionen und Teile meines Körpers aufzuladen. Ich muss nur meine Aufmerksamkeit auf die Region oder einen Teil meines Körpers lenken, den ich aufladen möchte und dann stelle ich mir vor, wie dieser Körperteil die Lebensenergie ein- und ausatmet die in der Umwelt ist. So kann ich meine Finger atmen lassen, meine Hände, Füße, meine Beine, meinen Kopf, meine Arme, meinen Oberkörper, meine Brust, meinen Bauch, etc. Es fühlt sich ganz einfach und natürlich für mich an, mit allen Körperteilen und Regionen zu atmen. Das Ein- und Ausatmen der Lebensenergie ist so einfach. Ich kann wirklich fühlen, wie die vitale Energie von allen Seiten eindringt, z. B. in meine Hand und wie sie wieder in die Umwelt ausgeatmet wird. Es macht Spaß, diese Fähigkeit zu trainieren. Je mehr ich diese Übungen mache, desto einfacher wird es jede Art von Körperteil oder Region zu laden. Ich erlebe auch die vitalisierende Wirkung dieser Übung. Sie ist sehr gesund."

Lebensenergie-Atmung mit den Organen

"Auf die gleiche Weise wie ich die Atmung der Lebensenergie mit Körperteilen und Regionen trainiert habe, kann ich es auch mit all meinen Organen tun. Ich muss mich nur auf die Form und das Aussehen eines Organs konzentrieren, so dass ich mein Bewusstsein mit ihm verbinden kann und dann lasse ich es in meiner Imagination atmen. Ich lasse es einatmen und ausatmen. Zum Beispiel konzentriere ich mich auf das Aussehen meiner rechten Niere und stelle mir jetzt vor, wie sie die Lebensenergie einatmet und wie die Niere sie wieder ausatmet. Während ich dies tue, kann ich fühlen, wie die vitale Energie in meine Niere einströmt und wie sie wieder aus ihr heraus strömt. In der Tat ist es so einfach wie alle anderen Atemübungen. Ich weiß, dass ich hier das Akasha-Prinzip benutze, das automatisch den Raum überbrückt, damit meine im Körper verborgenen Organe die Lebensenergie des Universums direkt einatmen und ausatmen können. Es macht Spaß, mit allen Organen zu arbeiten, sich an ihr Aussehen und ihre Form zu erinnern, und auch die Lage von ihnen zu kennen. Es ist wirklich einfach, alle Organe die lebenswichtige Energie atmen zu lassen. "

Die Stauung von Lebensenergie

"Inzwischen bin ich ein Meister in der Lebensenergieatmung geworden. Ich kann alle Organe, Körperteile, Körperregionen und jede Art von Objekten und auch andere Lebewesen atmen lassen. Ich kann alles ein- und ausatmen lassen. Ich weiß, dass es verschiedene Arten von Energie gibt, wie frische vitale Energie und ebenso die entgegengesetzte verbrauchte, oder kranke Energie. So ist es für mich auch einfach, Teile meines Körpers gute, frische Energien einatmen und schlechte, verbrauchte Energien ausatmen zu lassen. Es ist nur eine Frage meiner Imagination, meiner geistigen Fokussierung. Und so kann ich die Gesundheit von Körperteilen, Organen usw. erhöhen, indem ich sie frische Energie einatmen und schlechte Energien ausatmen lasse. Aber das ist nicht alles. Ich kann auch lebenswichtige Energie in allen Körperregionen, Objekten und Lebewesen stauen. Das ist ganz einfach. Ich muss nur die Energie nach dem Einatmen behalten, während ich leer ausatme. So steigere ich die Menge an Energie in meinem Körper, Körperteil oder Körperregion oder in jedem anderen Gegenstand. Nach einer Weile konzentriere ich mich dann auf das Ausatmen der angestauten Energie, so dass ich bzw. die Körperregion oder das geladene Objekt auf den normalen Energiepegel zurückkehrt. Der Ladevorgang ist ganz einfach. Durch mein Training werden mein ganzer Körper und alle Körperteile und Organe an hohe Energiemengen gewöhnt. Das stärkt meine energetische Struktur, meine Nerven und es erhöht meinen natürlichen Pegel an Lebensenergie und natürlich auch mein Charisma und meine Gesundheit. Auch meine Wünsche realisieren sich jetzt viel schneller. Das alles fühlt sich großartig an und ich bin für meinen Fortschritt dankbar. "

Ausstoß der Energie auf einmal

"Ich bin in der schrittweisen Verringerung der angestauten Energie durch die Ausatmung geübt. Aber ich weiß auch, dass ich die ganze Energie sofort ausstoßen kann. Diese Methode ist explosiv wie das Platzen von einem Ballon, oder eines Reifens. Ich muss nur meine Konzentration auf diesen explosiven Ausstoß der Energie richten und dann geschieht es. Es ist wie das Öffnen eines Ventils und die Energie wird aufgrund des hohen Drucks direkt ausgestoßen. Mein Training in dieser Methode macht es mir natürlich leicht alle Energien auf einmal, besonders aus meinen Händen und Fingern ausströmen zu lassen. Ich weiß, dass es alles nur eine Frage der Übung und Wiederholung ist. Eine Frage des Willens und der Imagination. Übung führt immer zur Meisterschaft."

Spezielle Anwendung der Stauung von Energie

"Ich kann die Akkumulation der Lebensenergie für besondere Zwecke nutzen. Ich kann meine Hände aufladen, um sie für das Handauflegen zur Behandlung von Kranken verwenden und so die Energie in meine Patienten, in kranke Körperteile fließen zu lassen. Ich kann auch meine aufgeladenen Hände benutzen, um mein Essen und meine Getränke zu segnen oder auch Menschen zu segnen. Wenn ich meine Augen mit Lebensenergie auflade, wirken sie auf andere Menschen faszinierend. Das erhöht meinen Einfluss auf sie. Und sicherlich kann ich mein Charisma erhöhen, wenn ich mich stark auflade. Die Stauung von Energie in mir, in anderen und in Objekten, bietet eine Vielfalt von guten Anwendungen. Meine Intuition führt mich automatisch zu den besten Anwendungsformen."

Raumimpregnierung

"Ich bin in der Lage, jede Art von Räumen oder Gegenständen aufzuladen und sie mit meinem Willen, Gedanken und Gefühlen zu imprägnieren. Es spielt keine Rolle ob ich ein Organ, meinen ganzen Körper, einen Gegenstand, oder einen ganzen Raum auflade. Es ist immer das gleiche Verfahren, nur eine Frage des Willens und der Imagination. Also muss ich nur meine Aufmerksamkeit auf ein Zimmer, einen Raum, oder ein Objekt richten und dann kann ich es atmen lassen, oder mit Lebensenergie aufladen. Ich weiß, dass ich den geladenen Raum mit meinen Wünschen, meinen Gedanken und Gefühlen imprägnieren kann. Ich kann der Lebensenergie alle Arten von Ideen, energetischen Zuständen und Emotionen zuordnen. Ich kann die Lebensenergie mit Festlegungen von Zeit und Raum, mit

Wünschen und Bedingungen programmieren. Die Raumimprägnierung ist ein faszinierendes Thema. Meine Intuition zeigt mir die verschiedenen nützlichen Anwendungen für die Ladung von Räumen. Ich weiß, dass ich meine Gesundheit, mein Wohlbefinden, Erfolg, guten Schlaf, Heilung, gute Konzentration und vieles andere mit Raumimprägnierung unterstützen kann. Es ist wirklich ein großartiges Werkzeug."

VIERTE STUFE - SUGGESTIONEN

ZUSAMMENFASSUNG DER ÜBUNGEN VON STUFE IV

Magische Geistes-Schulung::

1. Bewusstseinsversetzung nach außen:
    a. In Gegenstände
    b. In Tiere
    c. In Menschen

Magische Seelen-Schulung::

1. Elementestauung:
    a. Im ganzen Körper
    b. In einzelnen Körperteilen mit Hilfe von zwei Methoden

2. Herstellung der Elementeharmonie in den entsprechenden Körperregionen:
    a. Feuer - Kopf
    b. Luft - Lunge
    c. Wasser - Bauch
    d. Erde – Steißbein, Geschlechtsteile, Füße

Magische Körper-Schulung::

1. Rituale und ihre praktischen Anwendungsmöglichkeiten:
    a. Gestikulation (Gesten)
    b. Körperhaltungen
    c. Fingerstellungen

Magische Geistes-Schulung: (IV) – Suggestionen

Bewusstseinsversetzung

"Ich weiß, dass mein Geist, mein Bewusstsein unabhängig von Zeit und Raum ist. Es gibt keine Grenzen für mein Bewusstsein. Mein Bewusstsein kann das ganze Universum ohne Probleme bereisen. Es kann in die Vergangenheit und in die Zukunft reisen. Es kann jede Form annehmen. Es kann sich mit jedem Objekt oder Wesen verbinden. Es gibt keine Grenzen für mein Bewusstsein. Mein Bewusstsein ist nur daran gewöhnt in meinem Körper zu bleiben und so muss ich seine natürlichen Fähigkeiten trainieren. Das Training und Verbindung meines Geistes mit jeder Art von Gegenstand, Tier und Mensch ist wie gewöhnlich nur eine Frage meiner Vorstellung. Also konzentriere ich mich auf das Objekt; Ich stelle mir vor, dass ich mit ihm eins werde und dass ich seine Form und seinen Platz einnehme. Dadurch entziehe ich mich meiner gewöhnlichen Ich-Erfahrung. Dies ist ein wenig seltsam, aber je mehr ich trainiere, desto leichter wird es und desto natürlicher fühlt es sich für mich an. In der Tat wird es zur Gewohnheit und es ist sehr interessant, die Welt aus einer anderen Perspektive wahrzunehmen. Mit jeder Wiederholung komme ich leichter in Kontakt mit der mentalen und astralen Sphäre des Objekts, des Tieres oder des Menschen, mit dem ich trainiere und so kann ich an seiner mentalen Aktivität, seinen Gedanken, Eigenschaften, Gefühlen und seinem energetischen Zustand teilnehmen. Dies dient meiner Intuition, meiner Wahrnehmung anderer, meinem Verständnis der anderen. Ich kann mich auch leichter mit anderen Wesen und Gegenständen im Alltag verbinden. Und ich kann sie mit meinen Gedanken und positiven Suggestionen leichter beeinflussen. Wenn ich in die Vorstellung eines Objekts, Tieres oder menschlichen Wesens eintrete, werde ich eins mit ihm während des Trainings. Ich nehme an seiner Natur teil. Danach kann ich es verlassen und wieder zurückkehren in mich selbst, zu meiner wirklichen Persönlichkeit. Je mehr ich trainiere, desto einfacher ist es. Es ist alles eine Frage der Vorstellung. Es ist wie einen Schritt vorwärts zu machen - plötzlich bist du an einem neuen Ort. Ich werde mir mehr und mehr bewusst über diese Fähigkeiten und die wahre Natur meines Bewusstseins. Mein Geist ist unbegrenzt, frei von Zeit und Raum. Ich kann mich überall dorthin bewegen, wo ich sein will und ich kann jede Form annehmen, die ich will. Und tatsächlich kann ich alles werden was ich will. So kann ich alle Formen des Lebens, alle Arten von Wesen kennenlernen und erfahren. So kann ich mein Verständnis der Schöpfung und all ihrer Kreaturen erweitern. Die Versetzung meines Bewusstseins wird von Tag zu Tag einfacher und ich freue mich, mit so einer großartigen Fähigkeit gesegnet zu sein."

Magische Seelen-Schulung: (IV) – Suggestionen

Elementestauung

"So wie ich es gewohnt bin, Lebensenergie in meinen Körper, in Körperteilen und Organen einzuatmen, kann ich auch die Energien der vier Elemente atmen und anstauen. Meine Imagination ist hierbei auf die Eigenschaften des spezifischen Elements gerichtet und ansonsten ist es der gleiche Prozess. Alles was ich mit der Lebensenergie machen kann, kann ich mit den vier Elementen tun. Ich kann mich in das Zentrum des Feuerelements imaginativ hineinversetzen, wo die Energie warm und expansiv ist. Ich kann diese feurige Energie mit meiner Lunge und meinem ganzen Körper einatmen. Ich kann die Energie anstauen indem ich die Energie aufnehme, ohne sie auszuatmen. Ich kann meine Körperteile und Organe die Elementenergien atmen lassen. Und natürlich kann ich die

Elementenergien in allen Körperteilen und Organen auch akkumulieren. Je mehr ich meine Übungen mache, desto leichter und natürlicher fühlt es sich für mich an mit den vier Elementen so zu arbeiten, genauso wie ich es mit der Lebensenergie mache. Es wird mehr und mehr eine gute Gewohnheit. Von Tag zu Tag steigert sich meine Meisterschaft in der Arbeit mit vitaler Energie und den vier Elementen. Besonders konzentriere ich mich auf die Akkumulation der Elemente in meinen Händen, Fingern und Füßen, da ich weiß dass ich diese Fähigkeit als Magier brauche. Je mehr Übungen ich mache, desto leichter fühlt es sich an auch die geladenen Elementenergien sofort zurück ins Universum auszustoßen. Es ist genau das gleiche, wie ich es mit der Lebensenergie trainiert habe. Es ist als ob man ein Ventil öffnet und die Energien in das Universum entlädt."

Elemente Atmung mit Bewusstseinsversetzung

"Ich weiß, dass ich das Akasha-Prinzip verwenden kann um Körperteile und Organe atmen zu lassen, oder um Energie in ihnen zu akkumulieren. Ich muss nur mein Bewusstsein in das Körperteil, oder Organ übertragen und so bin ich in der Lage Energien von allen Seiten einzuatmen wobei ich im Mittelpunkt bin, beziehungsweise mich als das Organ selbst vorstelle. Ich habe die Übertragung meines Bewusstseins sehr gut trainiert und ich bin geschult die Form oder das Aussehen eines jeden Gegenstandes anzunehmen. So fühlt es sich einfach und natürlich an mein Bewusstsein in jedes beliebige Objekt zu übertragen und es die Energien der Elemente einatmen und ausatmen zu lassen. Es ist alles eine Frage der Imagination. Ich kann die Übung vereinfachen indem ich mich als das Organ im Zentrum der Lebensenergie, oder eines der vier Elemente vorstelle und den Rest meines Körpers ignoriere. Dann kann ich die Energien leicht einatmen, ausatmen und akkumulieren. Tag für Tag verbessere ich meine Fähigkeiten, bis hin zu echter Meisterschaft in all meinen magischen Fähigkeiten. Und so werde ich natürlich und automatisch ein Meister der Atmung der Lebensenergie und der Energien der vier Elemente."

MAGISCHES EQUILIBRIUM (GLEICHGEWICHT)

"Durch meine Ausbildung mit den vier Elementen bin ich vor dem schädlichen Einfluss der negativen Seite der Elemente geschützt. Nachdem ich das magische Gleichgewicht erreicht habe, stehe ich im Mittelpunkt aller Ereignisse und ich werde alle Gesetze, alle schöpferischen Momente und Prozesse die im Universum stattfinden aus der wahren Perspektive heraus verstehen. Ich werde von vielen Krankheiten verschont, die normalerweise eine Störung des Gleichgewichts und damit eine negative Wirkung auf mein eigenes Karma und damit auf mein Schicksal hervorrufen würden. Ich werde immer widerstandsfähiger gegen alle gefährlichen Einflüsse. Ich reinige meine mentale und astrale Aura, stärke meine mentale und astrale Matrix. Ich belebe meine magischen Fähigkeiten und meine Intuition bekommt einen universellen Charakter. Meine astralen Sinne werden immer feiner und meine geistigen Fähigkeiten verbessern sich. Die Beherrschung der vier Elemente in meinem ganzen Mikrokosmos segnet mich mit einer großen inneren Harmonie und wahrem Frieden. Ich fühle mich zentriert in mir und in meinem Leben. Ich fühle mich mit den Kräften und Qualitäten der vier Elemente gesättigt und das macht mich frei und unabhängig. Ich bin für die Erfahrung des magischen Gleichgewichts und der wahren Meisterschaft über die vier Elemente dankbar."

Magisches Körper Training (IV) – Suggestionen

Askese

"Ich kann jede Askese beibehalten, die ich mir auferlege, ohne Versuchungen bekämpfen zu müssen, oder irgendeiner von ihnen zu erliegen. Mein Wille ist stark und ich bin von den Elementen und der Lebensenergie gesättigt. So bin ich frei jeder Art von Askese zu folgen, wie ich es für richtig und nützlich halte. "

Asana

"Ich kann meine Körperhaltung, meine Asana für Stunden beibehalten, ohne die geringste Störung, Nervosität, Spannung oder Krampf zu empfinden. Mein Körper hat sich an meine Asana gewöhnt. Mein Körper kann sich vollständig in dieser Körperhaltung entspannen, während ich auf der mentalen und astralen Ebene beschäftigt bin."

Die Macht der Ausstrahlung

"Ich verstärke und vertiefe meine Kraft der Strahlung Tag für Tag ganz natürlich. Meine Ausstrahlung wird jeden Tag automatisch expansiver und dynamischer. Intuitiv erlerne ich die praktische Anwendung der Strahlkraft für jeden Anwendungszweck und in jeder Situation. Ich erreiche ein solches Maß an Perfektion, dass jeder Wunsch den ich in meine strahlende Kraft hinein versetze, sich sofort realisiert. Meine Strahlkraft wird jeden Tag stärker, besser und verfeinert sich mit jeder Übung die ich mache. Mein Charisma ist erstaunlich und lässt mich alle meine Wünsche schnell realisieren. Mein Energieniveau ist mindestens zehnmal höher als das der normalen Menschen. Ich bin ein wahres Kraftwerk."

Rituale

"Ich finde intuitiv die passenden Gesten und Fingerpositionen, um Ideen für die magischen Anwendungen auszudrücken. Ich weiß, dass ich durch Rituale alle Arten von Ideen oder Gedankengängen ausdrücken kann. Indem ich das Ritual bewusst verwende, verbinde ich die Idee und die magische Arbeit mit der Gesten- oder Fingerhaltung. Das Training dieser Verbindung macht es automatisch, so dass es nach einer Weile ausreicht das Ritual zu verwenden, um die entsprechenden Effekte zu verursachen. Es macht Spaß das Ritual mit der magischen Operation zu kombinieren und zu trainieren, damit es zur Gewohnheit wird. Ich weiß, dass effektive Rituale nur eine Frage der Wiederholung, der bewussten Ausbildung am Anfang und der automatisierten Nutzung später sind. Ich kann für alle Zwecke die richtigen Rituale erschaffen. Meine Intuition führt mich immer zu den passenden Ideen."

Elemente und Finger

"In Analogie zu den fünf Elementen ordne ich das Feuerelement dem Zeigefinger, das Wasserelement dem Daumen, das Akasha-Element dem Mittelfinger, das Erdelement dem Ringfinger und das Luftelement dem kleinen Finger zu. Die rechte Hand repräsentiert die positiven und die linke die negativen Elemente. Intuitiv finde ich die passenden Rituale und Gesten, um mit allen Elementen zu operieren, sie zu akkumulieren und aufzulösen. Meine Intuition führt mich zu den richtigen Lösungen."

FÜNFTE STUFE - SUGGESTIONEN

ZUSAMMENFASSUNG DER ÜBUNGEN VON STUFE V

Magische Geistes-Schulung:

1. Raum-Magie

Magische Seelen-Schulung:

1. Elementeprojektion nach außen:
    a. Durch den eigenen Körper, gestaut durch den Solarplexus
    b. Gestaut durch die Hände, besonders dynamisch durch die Finger.
       Äußere Projektion, ohne durch den Körper zu gehen

Magische Körper-Schulung:

1. Vorbereitung zum passiven Verkehr mit den Unsichtbaren:
    a. Freigabe der eigenen Hand
    b. Fingervorbereitung mit Hilfe des Pendels, Bleistifts, der Planchette, etc.
2. Passiver Verkehr:
    a. Mit dem eigenen Schutzgeist
    b. Mit Verstorbenen und anderen Wesen.

BEWUSSTSEINSVERSETZUNG IN DEN AKASHA PUNKT

"Ich bin geübt in der Übertragung meines Bewusstseins in jede Art von Gegenstand, Körperteil oder Organ. So fühlt es sich einfach und natürlich an, auch meine Bewusstsein in den Tiefenpunkt, das Zentrum meines Körpers zu übertragen. Es ist der Akasha Punkt, der Punkt der die totale Kontrolle über meinen Mikrokosmos bietet. Es ist tatsächlich der Kontroll- und Mittelpunkt jedes Wesens und jedes Gegenstandes. Ich kann mein Bewusstsein in den Tiefenpunkt von mir selbst, von allen Wesen und Gegenständen setzen. Wenn ich dies tue, kann ich mir vorstellen, dass mein Bewusstsein so klein wie ein Samenkorn ist oder so klein wie ein Atom, so dass mir der Gegenstand so groß, wie ein ganzes Universum vorkommt. Wie üblich ist alles nur eine Frage meiner Vorstellungskraft. Ich kann dies mit symmetrischen Objekten, sowie mit unsymmetrischen tun. Mit diesen Übungen gewinne ich mehr und mehr die Fähigkeit alle Arten von Objekten und Wesen aus ihrem Zentrum zu verstehen. Ich verstehe ihren Kern, ihre Natur. Ferner habe ich die Fähigkeit jeden Gegenstand vom Zentrum her zu beeinflussen, ihn magisch nach Belieben zu laden und so die geistige Sphäre jedes Gegenstandes mit meinen Wünschen zu imprägnieren. Ich kann dies auch mit Tieren, Menschen und mit Objekten tun, die ich nicht direkt vor meinen Augen habe. Die Arbeit mit dem Akasha Punkt fühlt sich für mich immer einfacher und natürlicher an."

Die bestimmende Kraft

"Wenn ich mein Bewusstsein in die Mitte meines Körpers, in die Magengrube, den Solarplexus versetze, so empfinde ich mich und weiß, dass ich der Mittelpunkt meines Körpers bin, dass ich die bestimmende Kraft in meinem Mikrokosmos bin. Ich bin der Herr und die bestimmende Kraft meines ganzen Mikrokosmos auf allen drei Ebenen. Ich bin in der Lage mein Bewusstsein zu jeder Stunde und in jeder Situation in meinen Tiefenpunkt, in mein Akasha-Prinzip zu versetzen. Dort kann ich alles wahrnehmen und beeinflussen was meine Natur betrifft. Ich weiß, dass diese Bewusstseinsübertragung in das Akasha-Prinzip der echte magische Trancezustand ist, den ich jederzeit nach Belieben herstellen kann."

Magische Seelen-Schulung: (V) – Suggestionen

Projektion der Elemente durch den Solar Plexus

"Ich bin jetzt in der Stauung von Lebensenergie und der vier Elemente trainiert. Ich bin auch darin ausgebildet, sie sofort in das Universum auszustoßen. So bin ich also gut darauf vorbereitet, sie auch durch meinen Solarplexus strömen zu lassen. Ich kann mich leicht durch meinen Solarplexus, oder meine Hände, Finger und Füße entladen. Wenn ich eine Art von Energie angesammelt habe, dann kann ich sie durch meinen Solarplexus in einen Raum strömen lassen, um ihn vollständig zu füllen. Wenn ich dies mache, werde ich leer und die Energie verbreitet sich in dem Raum. Das ist ganz einfach und wie immer nur eine Frage meiner entwickelten Vorstellungskraft. Mit der gleichen Leichtigkeit kann ich jede Art von Energie in meinen Händen, oder Fingern akkumulieren und dann fließen lassen um ein ganzes Zimmer, oder ein Objekt zu füllen. So kann ich mich sofort entladen und etwas direkt aufladen, um es mit meinem Wunsch zu programmieren. Ich kann auch alle Arten von imaginären Objekten in meinem Solarplexus mit der akkumulierten Energie erzeugen. Ich kann Kugeln, Würfel, Pyramiden, Kegel, auch komplexe Formen erzeugen, tatsächlich einfach alles, was ich will. Es ist nur eine Frage meiner gut ausgebildeten Imagination. Ich kann diese imaginären Gegenstände mit Energie aufladen. Ich kann auch die Energie in diesen Formen stauen. Dann kann ich sie nach außen senden, wenn ich will."

Die Projektion der Elemente direkt aus dem Universum

"Ich kann die Elemente direkt aus dem Universum projizieren. Ich muss nur die Elemente Energie aus dem endlosen Raum, dem Universum ziehen und kann dann damit einen Raum oder ein Objekt füllen. Ich weiß, dass die Energie oder das Element ganz fein aus der Urquelle kommt. Es ist sehr ätherisch und subtil, aber je mehr ich es in ein Objekt oder einen Raum ziehe, desto dichter und stärker wird es. Die Elementqualitäten können dann wirklich gefühlt werden. Je mehr ich den Prozess der Akkumulierung und Verdichtung von Energien trainiere, desto leichter wird es für mich sie zu materialisieren. Tag für Tag verstärken sich meine Fähigkeiten, Energie zu kondensieren und zu akkumulieren."

Magisches Körper Training (V) – Suggestionen

Kommentar vorab

Mit diesem Kommentar möchte ich die Übung von Bardon ein wenig hinterfragen, um dir dein Training zu erleichtern. Du hast mindestens zwei Möglichkeiten für das Training deiner Hand für das automatische Schreiben. In der ersten arbeitest du an der Levitation von Hand und Arm wie Bardon es beschreibt. In der zweiten trainierst du dein Unterbewusstsein, um die notwendigen Impulse für das Schreiben von deinem spirituellen Führer zu erhalten. Dieses erste Ziel kann dich Monate oder Jahre kosten; wie Bardon selbst sagt, dass die physische Meisterschaft über die Elemente Jahre der Ausbildung braucht. In der Tat sollst du hier das Luftelement so stark anstauen, dass es materiell wirksam wird um in der Lage zu sein Hand und Arm schweben zu lassen. Wenn wir diese harte Arbe-it und lange Bemühungen mit dem kleinen Ergebnis des automatischen Schreibens vergleichen, dann macht es keinen Sinn - zumal du deine höheren Sinne bald entfaltest, um mit deinem spirituellen Führer direkt kommunizieren zu können.

So interpretiere ich mit meinem hypnotherapeutischen Hintergrund die Erklärungen von Bardon auf die zweite Art - als die Arbeit mit dem Unterbewusstsein zur Vorbereitung von Hand und Arm. Hier ist die Übung viel einfacher und die Anstrengung ist in guter Relation zum Nutzen. Ich erkläre dir das hier: du kannst dir vorstellen, dass deine Finger, Hand und Arm sich bewegen und schweben können, ohne einen normalen direkten Impuls deines Willens zu bekommen. Dein Unterbewusstsein folgt deiner Vorstellung und bewegt sie. Du hast dann tatsächlich den Eindruck, dass eine externe Macht für diese Bewegungen verantwortlich ist. Wenn du in einem meditativen Trance-Zustand wie in Hypnose bist, kannst du dies leicht trainieren und du wirst Erfolg haben. Hypnotherapeuten benutzen oft die Levitation der Arme als Werkzeug für ihre Sitzungen. Sobald dein Unterbewusstsein ausgebildet ist, um Finger, Hand und Arme nach deiner Vorstellung zu bewegen, kann dein spiritueller Führer das Gleiche tun. Er kann seine Imagination und seine geistige Hand benutzen, um deine Hand zum Schreiben und Kommunizieren zu gebrauchen. Für den Erfolg sind am wichtigsten die Vorbereitung und das Training deines Unterbewusstseins, damit es deiner Vorstellungskraft folgt und natürlich ist ein guter Trancezustand bzw. meditativer Zustand ebenso wichtig. Dann kannst du deine geistige Hand und deinen Arm aus deinem physischen Körper heraus bewegen und du bist bereit, deinen geistigen Führer zu rufen, so dass er deine Hand für die Kommunikation nutzt.

Übrigens - automatisches Schreiben ist nicht ungewöhnlich für die direkte Kommunikation mit dem Unterbewusstsein einer Person in Hypnotherapie und Coaching. Es ist nur ein kleiner Schritt, dies für die Kommunikation mit spirituellen Führern und verstorbenen Personen zu nutzen.

Sicherlich liegt es an dir wie du Bardon´s Erklärungen folgst.

LEVITATIONSÜBUNGEN

"Mit meinem Willen und Vorstellungsvermögen im Zustand der meditativen Trance, kann ich alle meine Finger meiner rechten Hand heben und fallen lassen. Ich kann auch alle meine Finger meiner linken Hand heben und fallen lassen. Mein Unterbewusstsein folgt meinem Willen und meiner Vorstellungskraft und bewegt meine Finger. Durch meine Ausbildung kann ich auch meine Hände und Arme heben und fallen lassen. Mein Unterbewusstsein ist gut vorbereitet, meinem Willen und meiner Imagination zu folgen. Ich weiß, dass mein Unterbewusstsein alle Funktionen meines Körpers kontrolliert und so in der Lage ist, meine Finger, Hände und Arme schweben zu lassen, wenn ich mir das vorstelle. Mein Unterbewusstsein ist gut vorbereitet und bewegt meine Finger, Hände und Arme nach meinem Willen und meiner Vorstellung. So bin ich auch bereit, den Willen und die Vorstellungskraft meines spirituellen Führers zu empfangen, um meine Hände für das automatische Schreiben zu bewegen. Mein spiritueller Führer kann meine Finger, Hände und Arme mit seinem Willen und seiner geistigen Hand kontrollieren. Und so können wir erfolgreich kommunizieren."

EXTERIORISATION DER GEISTIGEN HAND

"Ich weiß, dass ich mich auf meine geistige Hand mit den mentalen Fingern und dem mentalen Arm konzentrieren kann. Wenn ich meine Wahrnehmung zu meiner geistigen Hand führe, kann ich meine Imagination benutzen, um sie von der physischen Hand zu lösen und sie zu exteriorisieren. Ich kann beispielsweise meine geistige Hand auf meinen Oberschenkel legen, damit meine physische Hand leer wird. Jetzt ist meine physische Hand bereit, von der geistigen Hand meines spirituellen Führers erfüllt und benutzt zu werden. Er kann in meine Hand wie in einen Handschuh schlüpfen und dann kann er sie benutzen, um mit ihr zu schreiben, oder mit den Fingern Zeichen zu geben. Ich weiß, dass die Kommunikation mit meinem spirituellen Führer wichtig ist um alles zu lernen, was ich wissen will und alles zu empfangen, was ich benötige. Durch meine gute Vorbereitung, kann mein spiritueller Führer meine Hände leicht für eine erfolgreiche Kommunikation über Fingerzeichen, Pendel und automatisches Schreiben benutzen. Ich weiß, dass ich auch verstorbene Freunde, Verwandte und Mitglieder meiner Familie einladen kann mit denen ich in Kontakt treten möchte. Sie alle können meine freie Hand sehen und sie benutzen, um mit mir zu kommunizieren. Von Übung zu Übung werde ich mehr und mehr ein

Meister der Kommunikation mit den höheren Welten und das mediale Schreiben fällt mir leichter und leichter mit jedem Tag."

SECHSTE STUFE - SUGGESTIONEN

ZUSAMMENFASSUNG DER ÜBUNGEN VON STUFE VI

Magische Geistes-Schulung:

1. Meditation auf den eigenen Geist
2. Bewusstwerden der Sinne im Geist

Magische Seelen-Schulung:

1. Vorbereitung zur Beherrschung des Akasha-Prinzips
2. Bewusste Hervorrufung von Trancezuständen mittels Akasha
3. Elementebeherrschung durch ein individuelles Ritual aus dem Akasha heraus.

Magische Körper-Schulung:

1. Bewusste Erzeugung von Wesenheiten:
    a. Elementale
    b. Larven
    c. Schemen
    d. Phantome

DIE VIER ELEMENTE IM BEWUSSTSEIN

"Wenn ich über die vier Prinzipien meines Geistes nach den Elementen nachdenke, begreife ich dass mein Wille und Motivation dem Feuerelement entspricht, dass der Verstand mit Intelligenz und Gedächtnis dem Prinzip der Luft zu Grunde liegt, dass Empfindung und Gefühl dem Wasser Element angehören und das Bewusstsein das die drei Elemente verbindet, dem Erdprinzip zugeordnet wird. Je mehr ich über die Funktionen meines Bewusstseins meditiere, desto tiefer verstehe ich alle Aspekte und Prozesse meines Geistes. Je tiefer ich sie verstehe, desto besser kann ich diese Funktionen mit dem jeweiligen Element auf der mentalen Ebene sowohl in mir selbst, als auch in anderen beeinflussen, meistern und stärken oder eliminieren. Hier geht es um ein tiefes Verständnis und eine Differenzierung zwischen den vier Elementen und ihrer Arbeit im Kopf. Der Einfluss ist nur eine Frage meines Willens, meiner Imaginationskraft und der Arbeit mit den Elementen."

DIE UNTERSCHEIDUNG DER DREI KÖRPER

"Durch tiefe Meditation und meine Ausbildung kann ich zwischen meinem mentalen Körper, meinem Astralleib und meinem physischen Körper unterscheiden. Ich weiß, dass mein ursprüngliches Wesen der geistige Körper ist, der Geist der sehr fein ist. Es ist mein Gefühl, meine Empfindung, mein Bewusstsein. Ich, mein geistiges Wesen bin in einem feinen Astralleib und mit meinem Astralleib bin ich in meinem materiellen Körper, der dichtesten Erscheinung meiner selbst. Es ist vergleichbar mit einer Hand in einem feinen Seidenhandschuh, der in einen dicken Handschuh getan wird. Beide Handschuhe können von der Hand gespürt werden, da sie sich in der Dichte unterscheiden. Je mehr ich trainiere, desto besser kann ich meine Aufmerksamkeit auf die verschiedenen Körper und Existenzebenen richten. Ich kann wirklich wahrnehmen, dass ich ursprünglich ein geistiges Wesen in einem astralen und physischen Körper bin."

Bewusste Handlungen

"Dank meiner entwickelten Differenzierung zwischen den drei Ebenen meiner Existenz, meinem mentalen, astralen und physischen Körper bin ich in der Lage Handlungen voll bewusst zu vollbringen. Ich stelle mir vor und fühle, dass mein Geist alle Handlungen mit Hilfe meiner Seele und meines materiellen Körpers vollbringt. Dieses Bewusstsein lässt mich in einer völlig bewussten Weise, in einer magischen Weise handeln, so dass ich gleichzeitig auf der mentalen, astralen und physischen Ebene wirken kann. Es hilft mir auch vollbewusst mit meinen mentalen und astralen Sinnen auf den höheren Ebenen zu arbeiten. Wenn ich gehe, weiß ich dass mein geistiges Wesen im astralen Körper geht, der den materiellen Körper bewegt. Wenn ich sehe, dann weiß ich dass meine geistigen Augen mit Hilfe meiner astralen Augen sehen, die mit meinen materiellen Augen wahrnehmen. Die astralen Sinnesorgane vermitteln die Wahrnehmung der materiellen Sinne zu meinem Geist, meinen geistigen Sinnen. Je mehr ich diese Differenzierung trainiere, desto mehr werde ich mir dieser Tatsache bewusst und umso leichter kann ich mich auf diesen Prozess konzentrieren. Ich kann mich auf alle fünf Sinne auf die gleiche Weise konzentrieren. Ich kann die Arbeit meiner geistigen, astralen und physischen Augen, meiner geistigen, astralen und physischen Ohren, mein Gefühl und meinen olfaktorischen Sinn und Geschmack unterscheiden. Ich kann die Differenzierung für alle meine Sinne entwickeln. Tag für Tag werde ich mir mehr und mehr bewusst über die Unterschiede zwischen meiner geistigen Sinne, meiner astralen Sinne und meiner physischen Sinne und wie sie alle zusammenarbeiten. Ich gewinne volle Meisterschaft in der Konzentration auf meinen geistigen Körper und Sinne, meinen Astralleib und seine Sinne und meinen physischen Körper mit seinen Sinnesorganen. Ich weiß, dass ich - das geistige Wesen - meinen Astralleib und meinen physischen Körper kontrolliere. Ich kann leicht zwischen diesen drei Ebenen, Körpern und Sinnen wechseln."

Magische Seelen-Schulung: (VI) – Suggestionen

Vollkommene Meisterschaft über die vier Elemente

"Ich kann die Elemente durch meine intensive Ausbildung vollkommen beherrschen. Ich weiß, dass sie alles erfüllen werden, was ich will oder wünsche, egal auf welcher Ebene die Verwirklichung meiner Wünsche geschehen muss. Ich fühle die totale Beherrschung der Elemente. Ich habe absoluten Glauben und Vertrauen in meine totale Kontrolle über die Elemente. Ich bin in der Lage, die Elemente auf allen Ebenen sehr leicht, nach außen wie nach innen zu projizieren, so dass alles ein Kinderspiel für mich zu sein scheint. Ich weiß, dass ich die Macht der Elemente in ein geeignetes Ritual übertragen kann. Meine göttliche Intuition führt mich dazu, das passende Ritual dafür zu wählen. Ich weiß, dass ich Fingerpositionen, Gesten, selbstgewählte Wörter, Formeln und Töne verwenden kann, die den Elementen bzw. der Quabbalah entsprechen. Ich weiß, dass die Rituale absolut individuell und rein persönlich sind. So bin ich absolut erfolgreich in der Herstellung eines passenden Rituals für die absolute Macht über die Elemente."

Kommentar

Es ist sinnvoll die Selbsthypnose für jedes einzelne Ritual anzuwenden das du erstellt hast. Wie Bardon sagt, sollte der Student ein Ritual für die Akkumulation und eins für das Auflösen eines Elements auf dem astralen und auf der materiellen Ebene schaffen. Insgesamt sind es 16 Rituale. Ich empfehle auch Rituale für die mentale Ebene in Bezug auf die geistigen Qualitäten der Elemente zu machen. Dann hast du 24 Rituale. Daneben ist es zweckmäßig zwei Rituale für die Kontrolle der Lebensenergie und später für Licht und die Fluide zu machen. Als letzter Tipp - es ist sinnvoll, die Rituale so einfach und gut wie möglich zu gestalten, damit du sie perfekt nutzen kannst. So kannst du jeweils ein Ritual für die gewünschte Energie wählen, eins für die gewünschte Ebene und jeweils eins für Stauung und Auflösung.

Magische Körper-Schulung: (VI) – Suggestionen

Erschaffung von Elementalen

"Meine Intuition und Inspiration arbeiten perfekt, um Elementale für jeden Zweck zu schaffen. Ich weiß intuitiv wie ich mich vorbereite, wie ich den Prozess planen muss, wie ich das richtige Programm wählen kann usw. Meine göttliche Führung ist perfekt und ich bin dankbar, dass ich alles richtig und erfolgreich mache. Meine Elementale funktionieren so, wie sie es tun sollen und ich bin zu 100% zufrieden mit ihrer Leistung."

SIEBTE STUFE - SUGGESTIONEN

ZUSAMMENFASSUNG DER ÜBUNGEN VON STUFE VII

Magische Geistes-Schulung::

1. Analyse des Geistes in Bezug auf die Praxis

Magische Seelen-Schulung::

1. Die Entwicklung der astralen Sinne mit Hilfe der Elemente und der fluidischen Kondensatoren.
    a. Hellsehen
    b. Hellhören
    c. Hellfühlen

Magische Körper-Schulung::

1. Schaffung von Elementaren mit Hilfe von vier verschiedenen Methoden
2. Magische Bilderbelebung

Magische Geistes-Schulung: (VII) – Suggestionen

Analyse des Geistes

"Es fühlt sich leicht für mich an meinen Geist zu analysieren und herauszufinden, welche der Elemente in meinem Bewusstsein vorherrschend sind. Ich weiß, dass ich eine perfekte Balance der Elemente durch geeignete Konzentrationsübungen und tiefe Meditation herbeiführen kann. Tag für Tag verbessert sich die Balance der Elemente im mentalen Körper und im Bewusstsein automatisch. So entsteht eine vollkommene Harmonie der Elemente in meinem Geiste."

Magische Seelen-Schulung: (VII) – Suggestionen

Entwicklung der astralen Sinne

"Alle meine astralen Sinne entwickeln sich natürlich, so dass ich auf der astralen Ebene sehen, hören, fühlen, riechen und schmecken kann. Meine astralen Sinne entfalten sich aufgrund meiner intensiven Arbeit mit den Elementen und meinen Konzentrationsübungen. Ich unterstütze ihre Verfeinerung und Entwicklung durch mein spezielles Training für jeden einzelnen Sinn. Mein Hellsehen verbessert und verfeinert sich durch die Akkumulation von Licht in meinen Augäpfeln. Das Licht enthält alle Qualitäten und Fähigkeiten des Hellsehens und meine Augen werden daran gewöhnt. So entfaltet sich mein Hellsehen natürlich und vollkommen. Ich bin in der Lage alles was ich will über Zeit und Raum zu sehen. Mein Hellhören entwickelt und verbessert sich durch die Ansammlung des Luftelements in meinen Ohren. So kann ich auch auf die weiteste Entfernung Stimmen hören und gleichzeitig die Sprache aller Wesen verstehen. Mit der Akkumulation des Wasserelements verbessere und verfeinere ich meine Hellfühligkeit. So kann ich auf der astralen Ebene alle Arten von Energien und Qualitäten fühlen. Tag für Tag entfalten sich meine Astralsinne mehr und mehr und ich gewöhne mich daran meine astralen Sinne zu aktivieren um mit ihnen zu sehen, zu fühlen und zu hören über Raum und Zeit hinweg auf der astralen Ebene. Meine Wahrnehmung ist dank meiner astralen Sinne unbegrenzt. Ich freue mich über die perfekte und vollständige Entfaltung und Verfeinerung aller meiner astralen Sinne."

MAGISCHE KÖRPER-SCHULUNG: (VII) – SUGGESTIONEN

ERSCHAFFUNG VON ELEMENTAREN

"Meine Intuition und Inspiration arbeiten perfekt, um Elementare für jeden Zweck zu schaffen. Ich weiß intuitiv, wie ich mich vorbereite, wie ich den Prozess planen muss, wie ich das richtige Programm wählen kann usw. Meine göttliche Führung ist perfekt und ich bin dankbar, dass ich alles richtig und erfolgreich mache. Meine Elementare funktionieren so, wie sie es tun sollen und ich bin zu 100% zufrieden mit ihrer Leistung."

BELEBUNG VON BILDERN

"Ich bin in der Lage Bilder zu beleben wie ich mag. Meine Intuition und Inspiration arbeiten perfekt, um Bilder für jeden Zweck zu beleben. Ich weiß intuitiv wie man sie gut für den vollen Erfolg vorbereitet. "

ACHTE STUFE - SUGGESTIONEN

ZUSAMMENFASSUNG DER ÜBUNGEN VON STUFE VIII

Magische Geistes-Schulung:

1. Vorbereitung zum mentalen Wandern
2. Die Praxis des mentalen Wanderns
    a. Im Zimmer
    b. Auf kurzen Strecken
    c. Besuche bei Bekannten, Verwandten, etc.

Magische Seelen-Schulung:

1. Das große Jetzt
2. Kein Nachhängen an der Vergangenheit
3. Konzentrationsstörungen als Kompass des magischen Gleichgewichts
4. Der Astralkörper und das Licht
5. Die Beherrschung des elektrischen und magnetischen Fluids

Magische Körper-Schulung:

1. Magische Beeinflussung durch die Elemente
2. Fluidische Kondensatoren:
    a. einfache Kondensatoren
    b. zusammengesetzte Kondensatoren
    c. Fluidische Kondensatoren für magische Spiegel
    d. die Zubereitung eines magischen Spiegels mit Hilfe von fluidischen Kondensatoren

MAGISCHE GEISTES-SCHULUNG: (VIII) – SUGGESTIONEN

MENTALES WANDERN

"Ich kann meinen Körper mit meinem geistigen Wesen in der gleichen Weise verlassen, wie eine Taube den Taubenschlag verlässt. Ich kann meinen physischen Körper leicht verlassen, um mich irgendwo anders hinzubewegen wo ich alles sehen, hören und fühlen kann. Es gibt kein materielles Hindernis für mich, weder Zeit noch Raum existieren für meinen Geist und ich kann die ganze Welt in einem einzigen Augenblick bereisen wenn ich will. Für geistige Wanderungen stelle ich mich wie ein Bild in einem Spiegel vor, und dann versetze ich meinen Geist, mein geistiges Wesen in diese geistige Form, in das Bild von mir. Dann kann ich mich in diesem Körper bewegen, wie ich es in meinem physischen Körper gewohnt bin. Ich bin nicht auf die Gesetze der materiellen Welt beschränkt. Als geistiges Wesen kann ich die Gesetze der mentalen Ebene benutzen, um mich ohne zeitliche und räumliche Grenzen zu bewegen. Ich kann ganz nach Belieben aus meinem Körper herausgleiten. Ich habe ein tiefes Gefühl von innerer Freiheit und Selbstbestimmung. Ich kann mich in meiner Wohnung frei bewegen, wie ich es von meinem materiellen Körper gewohnt bin. Ich kann spazieren gehen. Ich kann sitzen. Ich kann meine Gymnastik in meinem geistigen Körper tun. Ich kann alle Zimmer in meiner Wohnung besuchen. Ich kann auch nach draußen gehen. Durch meine intensive Ausbildung kann ich bewusst die Gesetze der geistigen Welt nutzen. So kann ich fliegen und in der Luft schweben. Ich kann mich durch Wände und Decken bewegen. Ich kann meine Größe und mein Aussehen durch meine Vorstellungskraft ändern. Ich kann mich durch meine reine Intention bewegen. Ich muss nur an einen Ort denken und ich bin da. Ich kann in den Ozean, in die Erde und in die Luft gehen, um die geistigen Reiche zu erkunden. Für mein geistiges Wesen gibt es keine Grenzen, keine Grenzen der Zeit oder des Raums. Die Erhebung zu anderen Sphären ist auch sehr einfach. Ich muss mich nur auf die Sphäre konzentrieren die ich gerne besuche möchte. Dann werde ich vertikal wie durch einen Trichter nach oben geführt. Ich weiß, dass ich mich nur auf einen Ort oder eine Sphäre konzentrieren muss, um sofort dort zu sein. Auf diese Weise kann ich auch andere Wesen treffen. Ich konzentriere mich auf das Wesen und ich bin direkt vor ihm. Je mehr ich trainiere, desto leichter und natürlicher fühlt es sich für mich an. Tag für Tag werde ich mehr und mehr an geistiges Reisen gewöhnt."

Magische Seelen-Schulung: (VIII) – Suggestionen

Der edle Magier

"Als Magier fördere ich immer reine und edle Gedanken und bemühe mich, Leidenschaften in gute Eigenschaften umzuwandeln. Ich bin so veredelt in meiner Persönlichkeit, dass ich nicht mehr fähig bin zu bösen Gedanken oder anderen Menschen etwas Schlechtes zu wünschen. Ich bin immer freundlich, zuvorkommend und bereit jederzeit durch Wort und Tat zu helfen und großzügig, rücksichtsvoll und diskret zu handeln. Ich bin frei von Ehrgeiz, Hochmut und ich vermeide jede Prahlerei. Dank meiner harten Ausbildung und der Verfeinerung meiner Seele passe ich mich immer mehr dem Akasha-Prinzip an, das eine tiefe Harmonie in allen Lebensbereichen schafft. Als echter Magier nehme ich das Leben so wie es ist. Ich genieße die guten Dinge und lerne von den schlechten, aber ich werde niemals aufgeben. Ich bin mir meiner Schwächen bewusst und versuche sie zu überwinden. Aber ich ignoriere jeden Gedanken der Buße, da es negative Gedanken sind, die vermieden werden sollen. Es genügt meine eigenen Fehler zu erkennen und nie wieder in sie zurückzufallen. So lebe ich wenn möglich ausschließlich in der Gegenwart und blicke nur zurück, wenn die Notwendigkeit entsteht. Ich werde alle Pläne in Bezug auf meine Zukunft auf die dringendsten beschränken und werde nicht in Tagträume verfallen. Ich werde auch meine in harter Arbeit erworbenen Fähigkeiten nicht vernachlässigen oder dem Unterbewusstsein eine Chance geben mich zu behindern. Als Magier arbeite ich gezielt an meiner Entwicklung, ohne meine materiellen Pflichten zu vernachlässigen die ich ebenso genau erfasse, wie die Aufgabe meines spirituellen Fortschritts. Da das Akasha-Prinzip Zeit und Raum ignoriert und permanent in der Gegenwart wirkt, weil der Begriff der Zeit von unseren Sinnen abhängt, passe ich mich so weit wie möglich an das Akasha an. Ich lebe den großen Moment vom HIER und JETZT. Ich denke und handele danach."

Das magische Gleichgewicht

"Tag für Tag verwirkliche ich die magische Balance mehr und mehr in meinem Mikrokosmos. Immer mehr bin ich fähig, mich mit all meinen Sinnen gleichermaßen zu konzentrieren. Ich kann die Imagination für mindestens 15 Minuten ohne die geringste Störung beibehalten, egal mit welchem Element ich arbeite."

Die Meisterung des Lichts

"Wie die Lebensenergie und die Elemente ist auch das Licht eine weitere Form von Energie, mit der ich in gleicher Weise arbeiten kann. Ich kann mich und andere Gegenstände mit Licht aufladen. Ich kann es einatmen und ausatmen. Ich kann Licht anstauen. Ich kann Organe, Körperteile und ganze Räume mit Licht aufladen. Ich kann es für alle meine Zwecke programmieren. Es ist für mich einfach, mit Licht zu arbeiten. Tag für Tag steigere ich meine Meisterschaft in der Arbeit mit Licht."

Die Meisterung der Fluide

"Wie alle Energien vorher, kann ich das elektrische und magnetische Fluid mit jedem Tag des Trainings immer besser kontrollieren. Ich kann mich und andere Gegenstände mit den Fluiden aufladen. Ich kann sie einatmen und ausatmen. Ich kann sie akkumulieren. Ich kann Organe, Körperteile und ganze Räume mit den elektrischen und magnetischen Fluiden aufladen. Ich kann sie für alle meine Zwecke programmieren. Es ist für mich einfach, mit den Fluiden zu arbeiten. Tag für Tag steigere ich meine Meisterschaft im Gebrauch der elektrischen und magnetischen Fluide. Als Meister der beiden universalen Kräfte kann ich praktisch alles erreichen."

Steigerung der Fähigkeiten mit dem elektrischen Fluid

“Das elektrische Fluid verstärkt und erhöht alle meine aktiven Kräfte in Geist, Seele und Körper. Das elektrische Fluid weckt, steigert und verstärkt alle aktiven Wirkungen, Qualitäten etc., die dem Feuer-Element und dem Luftelement in mir selbst zugerechnet werden. Das elektrische Fluid erhöht meine Willenskraft, meinen Glauben und meine Kontrolle über die Elemente zu einem übernatürlichen Grad."

Steigerung der Fähigkeiten mit dem magnetischen Fluid

"Das magnetische Fluid verstärkt und erhöht alle meine passiven Kräfte in Geist, Seele und Körper. Das magnetische Fluid erweckt, steigert und verstärkt alle passiven Fähigkeiten, Qualitäten usw., die dem Wasserelement und dem Erdelement in mir zugeschrieben werden. Das magnetische Fluid erhöht meine medialen Fähigkeiten wie Hellfühlen, Psychometrie, Gedankenlesen, mediales Schreiben und andere zu einem übernatürlichen Grad."

Die Fluide für Heilzwecke

"Durch das Laden meiner rechten Hand mit dem elektrischen Fluid und meiner linken Hand mit dem magnetischen Fluid bin ich in der Lage, mich und andere in einer sehr machtvollen Art zu heilen. Meine göttliche Intuition leitet mich in allen Heilbehandlungen mit den beiden Fluiden. Ich bin mir der großen Chancen bewusst, die Menschen durch den Einsatz dieser universalen Mächte zu heilen. "

Magische Körper-Schulung: (VIII) – Suggestionen

Kommentar vorab

Für die Zwecke von Stufe VIII gibt es keine wirklichen Suggestionen die erstellt werden könnten. Bardon beschreibt Techniken, aber keine Fähigkeiten. Auf der anderen Seite kannst du dein Unterbewusstsein für die erfolgreiche und intuitive Arbeit mit den präsentierten Techniken vorbereiten. Es liegt an Dir, ob du meinst dass du Selbsthypnose hier sinnvoll einsetzen kannst.

Direkte Nutzung der Elemente

"Ich weiß, wie man die Elemente direkt zur Selbstbeeinflussung, sowie zur Beeinflussung anderer Menschen einsetzt. Ich kann meine Wünsche mit dem Feuerelement durch Verbrennung verwirklichen, mit dem Luftelement durch Verdunstung, dem Wasser-Element durch Vermischung und mit dem Erd-Element durch Zersetzung. In allen meinen magischen Operationen bin ich geleitet und inspiriert von meiner göttlichen Intuition. So erreiche ich immer den vollen Erfolg in allen Aufgaben und Operationen."

Fluid Kondensatoren

"Ich kann Fluidische Kondensatoren herstellen. Meine Intuition führt mich. Die Arbeit ist interessant und macht Spaß. Ich werde leicht mit guten Fluidische Kondensatoren vertraut. Ich weiß, wie man sie für meine Zwecke anwenden kann und es ist schön zu erfahren, wie gut sie funktionieren."

Magische Spiegel

"Ich bin in der Lage magische Spiegel erfolgreich anzufertigen und zu verwenden. Meine Intuition führt mich. Ich weiß, wie man sie auflädt, wie man sie auf die richtige Weise vorbereitet um ihren Zweck zu erfüllen. Die Arbeit mit den magischen Spiegeln ist faszinierend und sie sind für viele Operationen wirklich nützlich."

NEUNTE STUFE - SUGGESTIONEN

ZUSAMMENFASSUNG DER ÜBUNGEN VON STUFE IX

Magische Geistes-Schulung:

1. Die Praxis des Hellsehens durch magische Spiegel:
   a. Schauen durch Zeit und Raum
   b. Fernwirkung durch den magischen Spiegel
   c. Verschiedene Projektionsarbeiten durch den magischen Spiegel

Magische Seelen-Schulung:

1. Die bewusste Trennung des Astralkörpers vom grobstofflichen Körper
2. Die Imprägnierung des Astralkörpers mit den vier Göttlichen Grundeigenschaften.

Magische Körper-Schulung:

1. Krankenbehandlung durch das elektromagnetische Fluid
2. Magische Ladung von Talismanen, Amuletten und Edelsteinen
3. Wunschverwirklichung durch elektromagnetische Kugeln im Akasha, das sogenannte Voltieren.

Magische Geistes-Schulung: (IX) – Suggestionen

Kommentar vorab

Hier ist das gleiche Problem wie in Schritt VIII. Es macht keinen wirklichen Sinn, Suggestionen zu schaffen.

Magischer Spiegel

"Ich arbeite erfolgreich mit magischen Spiegeln. Ich kenne alle Arten von Anwendungen. Ich weiß, dass ich einen magischen Spiegel für Hellsehen, für die Bestrahlung mit Energien, als Tor zu allen gewünschten Ebenen und Orten, für die Kommunikation mit lebenden und verstorbenen Personen, für den Kontakt mit Kräften, Wesen usw. verwenden kann. Ich kann magische Spiegel zur Raumimprägnierung, zum Zwecke der Beeinflussung, als magischer Sender und Empfänger, zur Abschirmung und zum Schutz, zur Projektion aller erwünschten Kräfte, Bilder, Zeichnungen usw. und zur Erforschung der Gegenwart, der Vergangenheit und der Zukunft einsetzen. Je mehr ich magischen Spiegel benutze, desto leichter kann ich mit ihnen arbeiten um meine Ziele zu erreichen und meine Aufgaben zu erfüllen."

Magische Seelen-Schulung: (IX) – Suggestionen

Astrales wandern

"Das astrale Wandern fühlt sich so natürlich und einfach an wie das mentale Wandern, das ich schon beherrsche. Wenn ich meinen physischen Körper in meinem mentalen Körper verlassen habe, kann ich meinen Astralkörper herausziehen indem ich meine Willenskraft verwende. Die Gestalt meines Astralleibes ist gleich der Gestalt meines geistigen und physischen Leibes. Dann vereinige ich mich mit meinem Astralleib, indem ich in die Astralform eintrete. Durch bewusste Atmung in meinem Astralleib verbinde ich meine mentalen und astralen Körper. Durch intensives Training gewöhne ich mich daran in meinen Astralleib zu atmen. Wenn ich anfange in meinem Astralleib zu atmen, hört mein Körper auf zu atmen. Da der Prozess des Verlassens des physischen Körpers dem Tod ähnlich ist, können Gefühle der Angst auftreten, die ich leicht durch meinen Willen und mein Vertrauen überwinden kann. Ich verlängere den Abstand beim Wandern von meinem physischen Körper mit jeder neuen Übung. Ich kann größere und noch größere Entfernungen abdecken. Je weiter ich mich mit meinem Astralleib aus meinem physischen Körper bewege, desto schwächer wird seine Anziehungskraft. Ich weiß, dass ich die astrale Ebene wie die mentale Ebene in den früheren Übungen bereisen kann. Die Energie folgt meinem Willen und meiner Absicht und so kann ich mit meinem Astralleib Zeit und Raum leicht überbrücken. Ich kann alle Arten von Orten in den astralen Reichen besuchen und ich kann die Lebenden und die Verstorbenen treffen. Ich kann auch einen astralen Ort für meine eigenen Zwecke, meinen eigenen astralen Tempel oder heiligen Hain erschaffen. Je mehr ich in meinem Astralkörper reise, desto mehr gewöhne ich mich daran und desto leichter und natürlicher fühlt es sich für mich an."

Imprägnierung mit den vier göttlichen Tugenden

"Durch tiefe Meditationen bin ich in der Lage direkt mit einer der vier göttlichen Tugenden in Ekstase zu gehen. Ich verschmelze förmlich mit der Tugend und fühle sie in mir. Ich erlebe diese ekstatische Einheit in derselben Weise mit allen vier Tugenden Gottes. Ich vereinige mich leicht in großer Ekstase mit der göttlichen Allmacht, der Allwissenheit, göttlicher Weisheit, Unsterblichkeit und der Allgegenwart. Diese großen Meditationen verursachen eine Vergöttlichung meines Geistes und meiner Seele und schließlich beeinflussen sie meinen Körper auf eine analoge Weise, so dass ich die Vereinigung mit meinem Gott herstellen kann. Von Meditation zu Meditation fühlt es sich leichter an für mich, mich mit den göttlichen Tugenden in echter Ekstase zu vereinigen."

Magische Körper-Schulung: (IX) – Suggestionen

Talismane und Volte

"Dank meiner göttlichen Intuition kann ich alle Arten von Talismanen, Amuletten und Edelsteinen erfolgreich aufladen und programmieren. Dank meiner intensiven Ausbildung und allen Übungen, fühlt es sich für mich einfach und natürlich an mit Talismanen und anderen Utensilien für meine Ziele und Zwecke zu arbeiten. Ich kann auch elektromagnetische Volt aufladen und sie mit meinen Wünschen programmieren."

ZEHNTE STUFE - SUGGESTIONEN

ZUSAMMENFASSUNG DER ÜBUNGEN VON STUFE X

Magische Geistes-Schulung:

1. Die Erhebung des Geistes in die höheren Ebenen.

Magische Seelen-Schulung:

1. Die bewusste Verbindung mit seinem persönlichen Gott.
2. Der Verkehr mit Gottheiten, etc.

Magische Körper-Schulung:

1. Verschiedene Methoden zur Aneignung magischer Fähigkeiten.

Magische Geistes-Schulung: (X) – Suggestionen

Die richtige Haltung

"Ich verneige mich im Geiste der großen Verehrung vor der göttlichen Quelle der Weisheit. Es gibt keinen Stolz mehr, weder Ehrgeiz noch Hochmut und keine schlechten Eigenschaften in meiner Seele, denn je tiefer ich in die Werkstatt Gottes eindringe, desto bescheidener und empfänglicher werde ich für den göttlichen Geist. "

Besuch der Elementereiche

"Mit meinem mentalen Körper kann ich die verschiedenen Reiche der Elemente besuchen. Ich besuche das Königreich der Gnome, das Reich der Nymphen, das Reich der Sylphen und schließlich das der Salamander. Für meine Besuche verwandle ich meinen geistigen Körper in einen der Bewohner der verschiedenen Reiche. Ich lade mich selbst geistig mit dem entsprechenden Element auf, und ich nehme die Form eines Gnoms, einer Nymphe, einer Sylphe oder eines Salamanders an. Dann gehe ich in das Elementereich und warte bis das Elementewesen den Kontakt zu mir aufnimmt. Sobald die Bewohner der Elementekönigreiche beginnen zu reden, sehen sie in mir ein Wesen höheren Ranges und so werden sie sich mit mir anfreunden. Wenn sie über meine Überlegenheit in Willenskraft und Intelligenz überzeugt sind, werden sie meine Gesellschaft genießen und zu meinen gehorsamsten Dienern und Freunden werden. In den Königreichen der vier Elemente kann ich alles über Natur und Schöpfung lernen, auch über magische Techniken für eine Vielfalt von Zwecken."

Das Treffen mit dem geistigen Führer

"Dank meiner Meisterschaft im geistigen Wandern bin ich in der Lage, meinen spirituellen Führer auf der mentalen Ebene zu treffen. Ich muss nur den Wunsch aussprechen ihn zu treffen und ich werde mich sofort in meinem mentalen Körper zu ihm bewegen. Von Angesicht zu Angesicht können wir miteinander reden, wie bei einem normalen Treffen mit einer anderen Person. Zuerst werde ich meinen geistigen Führer fragen, wann, wie und unter welchen Bedingungen ich ihn jederzeit erreichen kann. Sicherlich werde ich den Anweisungen meines Führers folgen. Dann bin ich bereit in die letzte Phase meiner geistigen Entwicklung einzutreten und da die physische Welt nichts mehr zu bieten hat, werde ich andere Sphären besuchen. Nach dem quabbalistischen Baum des Lebens werde ich zuerst die Sphäre des Mondes, dann die von Merkur, dann die der Venus, der Sonne, des Mars, des Jupiters und schließlich die Sphäre des Saturns bereisen. In allen Sphären werde ich die dort lebenden Wesen treffen und alles über ihre Gesetze und Geheimnisse erfahren. Wenn ich so weit gekommen bin, ist meine mentale Ausbildung vollendet. Ich bin ein vollkommener Magier geworden, ich bin ein Bruder des Lichts, ein wahrer Adept."

Magische Seelen-Schulung: (X) – Suggestionen

Die Vereinigung mit Gott

"Ich bin in der Lage mich mit Gott in allen vier Wegen erfolgreich zu vereinigen. Ich bin ein Meister in der mystischen passiven Weise, der magisch aktiven Weise, der konkreten Weise und der abstrakten Weise. Ich weiß, dass beide, die mystische und die magische Art der Vereinigung mit Gott in einer konkreten oder abstrakten Form erfolgen können. Ich kann mich mit göttlichen Tugenden direkt vereinigen, oder ich kann Symbole, Bilder oder Statuen verwenden, um die göttlichen Tugenden zu verkörpern. Ich kann die göttlichen Tugenden nach den Elementen mit meinen verschiedenen Körperregionen verbinden. Ich verbinde die Allmacht mit meinem Kopf, göttliche Weisheit mit meiner Brust, allumfassende Liebe mit meinem Bauch und Unsterblichkeit mit meinen Beinen. Ich kann auch einzelne Tugenden an einzelne Organe wie beispielsweise Liebe mit dem Herzen verbinden. Meine Intuition führt mich. Je mehr ich über die Vereinigung mit Gott und seinen Tugenden meditiere, desto mehr veredle ich mich und desto mehr integriere ich die Göttlichkeit in meine Persönlichkeit. Meine Meditationen verbessern sich immer mehr, so dass ich mich als Gott erlebe, so dass ich erfahre, dass es nur Gott gibt. "Ich bin Gott!" Oder wie Jesus sagte: "Der Vater und ich sind eins!" Je mehr ich über die Einheit mit Gott und seine Tugenden meditiere, desto leichter und natürlicher fühlt es sich für mich an Gott zu werden, Gott in meinem Mikrokosmos zu verkörpern. Ich verstehe jetzt, dass ich ein Tempel Gottes bin."

Kommunikation mit Gottheiten

"Dank meiner intensiven Meditationen bin ich in der Lage mich mit Gott und seinen göttlichen Tugenden zu verbinden, wann immer ich will. So bin ich gut vorbereitet Gottheiten und hohen Wesen in den Sphären nicht nur als Magier, sondern als göttliche Autorität, als Gott zu begegnen. Als göttliche Autorität kann ich mit anderen Wesen auf eine höhere Weise kommunizieren und arbeiten. Sie zeigen mir Respekt und unterstützen meine Arbeit, da ich das göttliche Prinzip in der Schöpfung darstelle. Ich bin ein wahrer Gesandter Gottes geworden."

Magische Körper-Schulung: (X) – Suggestionen

Kommentar vorab

Suggestionen für Schritt X machen nur in einem sehr begrenzten Bereich Sinn. Sicherlich kannst du dich auf die Entwicklung von speziellen Fähigkeiten konzentrieren, wie du möchtest. Dank deiner Meisterschaft hast du vollen Zugang zu allen Techniken, zu Abishekas und zur Unterstützung durch die höheren Wesen und die Verwirklichung aller möglichen Fähigkeiten.

Suggestionen und Telepathie

"Ich bin ein Meister der Suggestion und der Telepathie. Ich kann jede Art von gewünschter Suggestion in das Unterbewusstsein einer Person für positive Einflüsse einpflanzen. Ich kann Gedanken empfangen und senden. Ich kann die Gedanken der anderen leicht lesen. Ich kann mit Menschen auf der mentalen Ebene kommunizieren. Ich muss nur mein Bewusstsein bewusst auf die mentale Ebene versetzen, und ich muss die andere Person auf die gleiche Weise wahrnehmen - als ein geistiges Wesen. Dann können wir uns für die Kommunikation verbinden. Meine Fähigkeiten der Suggestion und Telepathie erhöhen sich täglich und mit jedem Mal, wenn ich sie anwende."

Psychometrie

"Ich bin ein Meister der Psychometrie. Ich habe die Fähigkeit, die Gegenwart sowie die Vergangenheit und die Zukunft eines Gegenstandes zu lesen. Ich kann die verschiedenen Ereignisse der Vergangenheit, Gegenwart oder Zukunft mit meinen mentalen Augen,

Ohren oder meinem Empfindungsvermögen lesen. Ich muss nur mein Bewusstsein mit dem Objekt verbinden und dann sehe ich alle Dinge und Geschehnisse, die damit zusammenhängen. Je mehr ich diese Fähigkeit trainiere, desto einfacher und natürlicher fühlt es sich für mich an."

Weitere Anwendungen

Die richtige Haltung

Bardon beschreibt die richtige Einstellung des Schülers bzw. des Meisters. Du kannst dich entsprechend so programmieren.

"Ich bin ein Schüler der heiligen Wissenschaften und ich weiß, dass ich nur mit der richtigen Haltung die Meisterschaft erreichen kann. Und so bin ich von nun an diszipliniert, fleißig, geduldig und beharrlich in meinem Training und in meinen Studien. Disziplin, Fleiß, Geduld und Beharrlichkeit wachsen und entwickeln sich in meiner Persönlichkeit und entfalten sich vollständig. Die geistige Welt hilft mir diese Qualitäten in mir selbst zu entwickeln und zu stärken. Von Tag zu Tag werde ich in Disziplin, Sorgfalt, Geduld und Beharrlichkeit wachsen und so werde ich alle Übungen und alle Herausforderungen auf dem Weg zur Adeptschaft meistern."

"Ich liebe meine spirituelle Ausbildung und mache meine Übungen mit Freude und Begeisterung. Ich liebe es mein Training regelmäßig zu absolvieren, damit es sich als eine gute Gewohnheit verankert und sich für mich natürlich anfühlt fleißig zu üben. Ich empfinde einen natürlichen Drang und Wunsch, meine Übungen immer zur gleichen Zeit und an der gleichen Stelle zu tun, da ich weiß, dass dies meinen Fortschritt und Erfolg am besten unterstützt. Das regelmäßige Training macht mich zufrieden und ich fühle mich gut damit."

"Als wahrer spiritueller Student der Magie weiß ich wie wichtig die Verfeinerung der Persönlichkeit ist. Und so benehme ich mich freundlich, tolerant und wohlwollend. Ich verurteile nicht und ich kritisiere andere nicht. Ich weiß, dass wir alle nicht perfekt sind, dass wir alle Fehler machen und schlechtes Benehmen bedauern.

Meine positive und freundliche Haltung wächst von Tag zu Tag und so fühlt es sich natürlich an, immer in einer freundlichen, toleranten und wohlwollenden Weise zu handeln. Das fühlt sich gut an und ich erlebe, dass meine Mitmenschen dieses freundliche Verhalten zu schätzen wissen. Es ist gut für alle meine Beziehungen."

Ein Treffen mit deinem spirituellen Führer

Du kannst deinen spirituellen Führer für ein Treffen im Trancezustand einladen - das heißt, du triffst ihn auf den höheren Ebenen an deinem Wunschort, deinem Tempel oder in einem besonderen, extra geschaffenen Raum. Du kannst ihn um Inspiration, Beratung, Hilfe, Segen oder Informationen bitten. Wenn dein geistiger Führer dich besucht, wirst du ihn durch seine besondere Ausstrahlung erkennen - die Atmosphäre verändert sich. Sei immer freundlich zu deinem spirituellen Führer, bitte ihn freundlich um ein Treffen und danke ihm für die Zusammenarbeit und seine Gaben und verabschiede ihn am Ende. In den meisten Fällen ist dein spiritueller Führer so freundlich sofort zu erscheinen. In einigen Fällen ist er zu beschäftigt um zu kommen. Dann versuche es an einem anderen Tag. In der Tat kannst du auch die Verstorbenen und viele andere Wesen bitten dich zu besuchen. In allen Fällen solltest du genau wissen was du tust und warum. Mit solchen Dingen sollte man nicht spielen.

"Du bist an deinem Lieblingsort, oder Tempel und du willst deinen spirituellen Führer kennenlernen. Es ist Zeit sich vorzubereiten. Löse alle Disharmonien von dir und deinem Platz auf und schaffe eine heilige Atmosphäre, in der du und dein spiritueller Führer sich wohl fühlen. Spüre wie die Atmosphäre sich verändert, heilig wird und rufe jetzt deinen geistigen Führer und bitte ihn freundlich dich jetzt zu besuchen und mit dir zu kommunizieren."

Die Kommunikation kann telepathisch laufen, oder per Fingerzeichen, oder über das automatische Schreiben, oder mit allen Sinnen. Dies hängt von deiner Reife ab und deinen Fähigkeiten. Geistige Führer zeigen einen sehr großen Respekt gegenüber der Willensfreiheit und so muss man fragen wenn man etwas (wissen) will. Geistige Führer nehmen auch die Gestalt an mit der du am besten kommunizieren kannst. Wenn du an Engel glaubst, dann erscheint er dir vielleicht als Schutzengel mit Flügeln. Und auch je nach Religion wird er dir entsprechend erscheinen. Name und äußere Erscheinung sind zweitrangig. Wichtig ist nur, dass du ein besonderes Verhältnis zu ihm hast und Gott ihn für dich ausgewählt hat um dich zu begleiten.

Reinigung und Heilung

(Dies ist eine der wichtigsten Techniken, die du einmal intensiv und dann von Zeit zu Zeit anwenden kannst bzw. solltest. Du kannst anstelle des weißen Lichts auch violettes Licht verwenden. Machtvoll ist auch eine erste Sitzung mit violettem Licht und dann eine weitere mit weißem Licht.)

"Stell dir vor, du sitzt an einem Ort den du liebst, ein Ort wo du dich gut und sicher fühlst. Jetzt stell dir vor, dass plötzlich die Atmosphäre um dich herum heller und heller wird. Weißes Licht sammelt sich und es erfüllt die Atmosphäre um dich herum. Immer mehr weißes Licht kommt aus allen Richtungen und du spürst, dass es nur dich und das weiße Licht gibt. Du sitzt im Zentrum des weißen, brillanten Lichts und du sagst Dir, dass dieses weiße Licht etwas ganz

Besonderes ist, ein Göttliches Licht da es eine große Heilkraft ausstrahlt. Die Kraft alles zu reinigen und zu heilen, was gereinigt und geheilt werden muss. Und wie du diese Einsicht hast, spürst Du wie dieses weiße Licht von allen Seiten in deinen Körper eindringt. Es strömt in deinen mentalen Körper, deinen Geist, dein Unterbewusstsein. Es strömt in deine Seele und deinen physischen Körper. Das weiße Licht füllt deinen ganzen Körper, füllt dich vollständig auf allen Ebenen, deinen ganzen Mikrokosmos, deine Aura - alles ist mit diesem weißen Licht gefüllt und dieses weiße Licht beginnt in dir zu arbeiten, alle deine Blockaden aufzulösen und ich meine alle Blockaden in deinen Energiekanälen, alle Blockaden in deinen Chakren, alle Blockaden in deinem Geist und in deiner Seele - einfach allen Blockaden. Das weiße Licht löst alle Blockaden auf. Es löst alle negativen Gedanken und alle negativen Emotionen auf. Das weiße Licht reinigt dich vollständig, deinen Körper, dein Energiesystem, deine ganze Aura, deinen Geist und deine Seele. Du empfängst die vollständige Reinigung. Und das fühlt sich einfach toll an, absolut toll und du genießt diesen Reinigungsprozess, dieses Bad im weißen Licht. Und mehr und mehr von diesem weißen Licht strömt von allen Seiten in deinen Körper, um dich von allen schlechten Einflüssen, von allen Blockaden, von allen negativen Gedanken und negativen Emotionen, von allen negativen Energien zu reinigen. Und das fühlt sich einfach wirklich gut an sauber, erfrischt und in Harmonie zu sein. Und das weiße Licht entfaltet seine große Heilkraft. Es fließt durch deinen ganzen Körper, durch deinen Geist und deine Seele, durch alle deine Organe und es heilt dich mit großer Kraft, mit großer Intensität und du erkennst, dass diese Reinigung und Heilung ein Geschenk Gottes für dich ist, so wie Gott dich will - gereinigt und geheilt, in voller Harmonie, bei guter Gesundheit, vital und erfrischt. Und du fühlst dich stärker und vitaler als je zuvor, fühlst dich wirklich großartig und du weißt, dass du alle Herausforderungen in deinem Leben meistern kannst. Gott ist mit dir und du bist auf dem richtigen Weg. Es gibt nichts was dich aufhalten könnte. Und du weißt, was richtig und notwendig ist. Du kennst die Ziele in deinem Leben. Das weiße Licht reinigt Dich, heilt Dich, stärkt dich und erleuchtet Dich. Du bist im Geiste Gottes, du bist wieder mit der göttlichen Quelle des Lebens verbunden, du bist wieder ein Teil der natürlich-göttliche Ordnung und alles was du brauchst und wünschst kommt automatisch in dein Leben. Und so wie dir das jetzt bewusst wird, dankst du Gott in Demut für seine Liebe und Gnade und wann immer du dieses göttliche Licht brauchst, um dich zu reinigen und zu heilen, um dich zu erleuchten, kannst du es anrufen mit einem Symbol, einem Zeichen, einer Geste oder einem Wort, das jetzt in dein Bewusstsein intuitiv kommt. (Pause) Gut. Behalte diesen Anker im Kopf und arbeite mit ihm um dich wieder mit dieser Macht zu verbinden, wann immer du möchtest, oder sie brauchst. Nimm dir die Zeit um dein Bad im weißen Licht fortzusetzen, dich zu reinigen und zu heilen und an der Erleuchtung teilzunehmen. (Pause) Gut. Du hast das weiße Licht genossen und jetzt verschwindet es wieder in das Universum wo es herkam. Und du weißt, dass du dich immer mit diesem weißen Licht verbinden kannst, wann immer du willst oder musst, indem du deinen Anker, das Zeichen, Symbol oder die Geste benutzt, die dir Gott gezeigt hat. Und während das weiße Licht aus der Atmosphäre deines Raumes verschwindet, ruhst du ein wenig mehr an dem Ort an dem du dich gut und sicher fühlst."

Reinigung und Heilung von altem Karma

(Dies ist eine der wichtigsten Techniken, die du für die Heilung und für den Fortschritt und die Verbesserung deiner Lebensbedingungen verwenden kannst. Ich empfehle sie sehr! Du kannst sie so oft nutzen bis du dir absolut sicher bist, dass du vollständig gereinigt und geheilt bist.)

"Stell dir vor, du sitzt an einem Ort den du liebst, ein Ort wo du dich gut und sicher fühlst. Jetzt stell dir vor, dass plötzlich die Atmosphäre um dich herum heller und heller wird. Violettes Licht manifestiert sich und füllt die ganze Atmosphäre um dich herum. Immer mehr violettes Licht kommt aus allen Richtungen und du spürst, dass es nur dich und das violette Licht gibt - du sitzt im Zentrum des violetten, brillanten Lichts und deine Intuition sagt Dir, dass dieses violette Licht etwas ganz Besonderes ist, ein Göttliches Licht, dass es eine große Heilkraft ausstrahlt, die Kraft, alles aus deinen früheren Inkarnationen zu reinigen und zu heilen, all das was gereinigt und geheilt werden will. Und so wie du diese Einsicht hast, spürst du wie dieses violette Licht von allen Seiten in deinen Körper eindringt. Es strömt in deinen mentalen Körper, deinen Geist, dein Unterbewusstsein. Es strömt in deine Seele und deinen physischen Körper. Das violette Licht füllt deinen ganzen Körper, erfüllt dich vollkommen auf allen Ebenen, es erfüllt deinen ganzen Mikrokosmos, deine Aura - alles ist mit diesem violetten Licht gefüllt, und dieses violette Licht beginnt in dir zu arbeiten, alle deine Karma-Blockaden aufzulösen und Ich meine wirklich alle, alle Blockaden in deinen Energiekanälen, alle Blockaden in deinen Chakren, alle Blockaden im deinem Geist und in deiner Seele. Das violette Licht löst dein schlechtes Karma aus allen früheren Leben auf und es heilt alle deine Wunden und all deine Verletzungen aus deinen früheren Inkarnationen. Alle diese schlechten Energien des Geistes und der Seele werden vollständig freigegeben und gelöscht. Du weißt, dass es jetzt an der Zeit ist dein schlechtes Karma loszulassen und aufzulösen und alle Wunden und Verletzungen aus deinen früheren Inkarnationen zu heilen. Lass dein Unterbewusstsein all diese negativen Karma-Energien auf allen Ebenen auflösen - für eine tiefe und vollständige Heilung. Das violette Licht reinigt dich vollständig, deinen Körper, dein Energiesystem, deine ganze Aura, deinen Geist und deine Seele. Du empfängst eine vollständige Reinigung. Und das fühlt sich einfach toll an, absolut toll und du genießt diesen Reinigungsprozess, dieses Bad im violetten Licht. Und mehr und mehr strömt dieses violette Licht von allen Seiten in deinen Körper, um dich von allen schlechten Einflüssen deiner früheren Inkarnationen, von allen Blockaden, von allen negativen Gedanken und negativen Emotionen, von allen negativen Energien deiner Vergangenheit zu reinigen. Und es fühlt sich wirklich gut an, sauber, erfrischt und in Harmonie zu sein. Und das violette Licht entfaltet immer weiter seine große Heilkraft. Es fließt durch deinen ganzen Körper, durch deinen Geist und deine Seele, durch alle deine Organe und es heilt dich mit großer Kraft, mit großer Intensität und du realisierst, dass diese Reinigung und Heilung ein Geschenk Gottes für dich ist, dass Gott dich gereinigt, geheilt und vital sehen will. Und du fühlst dich stärker und lebendiger als je zuvor, fühlst dich wirklich großartig und erfrischt und du weißt, dass du alle Herausforderungen in deinem Leben mit voller Kraft meistern wirst, da Gott mit dir ist. Nimm dir Zeit, dein Bad im violetten Licht fortzusetzen, dich von all deinem schlechten Karma, von allen Verletzungen und Wunden deiner früheren Inkarnationen zu reinigen und zu heilen. (Pause) Gut. Das violette Licht hat dir gut getan und verschwindet nun wieder in das Universum, wo es herkam. Und du weißt, dass du dich jederzeit mit diesem violetten Licht von Akasha verbinden und Heilung erfahren kannst, wann immer du sie brauchst. Und während das violette Licht aus der Atmosphäre deines Raumes verschwindet, ruhst du dich ein wenig mehr an deinem Lieblingsort aus - da wo du dich gut und sicher fühlst."

Psychische Hygiene

"Mit jedem Atemzug gehst du tiefer und tiefer in diesen wunderbaren Zustand der Trance, und du hörst meine Stimme und alles was ich sage verankert sich tief in deinem Unterbewusstsein. Stell dir eine Dusche oder eine Badewanne vor. Jedes Mal wenn du eine Dusche oder ein Bad benutzt, dich wäschst und reinigst, reinigst du nicht nur deinen Körper, sondern du wäschst und reinigst auch gleichzeitig deine Seele und deinen Geist von allen negativen Gedanken, allen negativen Emotionen, von allem Stress und allen negativen Einflüssen und schlechten Energien. Dies geschieht automatisch und ganz natürlich, ohne dass du darüber nachdenken musst. Du wäschst und säuberst deinen Geist und deine Seele von allen schlechten Gedanken und schlechten Emotionen, von allem Stress und allen negativen Energien, jedes Mal, wenn du eine Dusche oder ein Bad nimmst, ganz automatisch, vollkommen natürlich. Das fühlt sich so gut an sich zu reinigen, sich zu erfrischen und gesund zu sein. Nun stell dir vor, wie du deine Hände wäschst. Jedes Mal, wenn du von heute an deine Hände wäschst, wäschst und reinigst du nicht nur deine physischen Hände, sondern in der Tat wäschst und reinigst du auch gleichzeitig deine Seele und deinen Geist von allen negativen Gedanken, allen negativen Emotionen, von allem Stress und allen negativen Einflüssen und sämtlichen schlechten Energien. Dies geschieht automatisch und ganz natürlich ohne nachdenken zu müssen. Du wäschst und reinigst deinen Geist und deine Seele von allen schlechten Gedanken und schlechten Emotionen, von allem Stress und allen negativen Energien, jedes Mal, wenn du deine Hände wäschst, völlig automatisch, ganz natürlich und das fühlt sich so gut an dich zu reinigen, um frisch und gesund zu bleiben. Und jedes Mal, wenn du auf die Toilette gehst, scheidest du auch gleichzeitig alle schlechten Emotionen, allen Stress, alle schlechten Gedanken und alle schlechten Energien aus, so dass diese negativen Energien losgelassen werden und ganz automatisch und natürlich im Abfluss verschwinden, ohne dass du darüber nachdenken musst. Und das fühlt sich wirklich gut an für Dich. Du fühlst dich rein, gesäubert und in Harmonie mit dir selbst, wirklich gut. Und jedes Mal von heute an, wenn etwas Negatives passiert, kannst du alle deine negativen Gefühle und negativen Gedanken automatisch direkt in die Erde hineinfließen lassen und die Erde nimmt all die schlechten Energien von dir auf und löst sie. Und du weißt, dass die Erde freundlich ist und dies tut um dich zu schützen und dich sauber und ausgeglichen zu halten. Und das geschieht ganz natürlich und automatisch und es gibt keine Notwendigkeit darüber nachzudenken. Du bist dankbar und glücklich, dass alle schlechten Energien von dir genommen werden um dich in guter Stimmung, sauber und frisch zu halten. Und vielleicht lächelst du jetzt und freust dich wie großartig das funktioniert und wie einfach es für dich ist, dein Gleichgewicht zu halten und dich sauber und sicher zu fühlen. Und jedes Mal, wenn du eine Dusche oder ein Bad nimmst, jedes Mal, wenn du deine Hände wäschst und jedes Mal, wenn du dich aufregst oder mit negativen Emotionen konfrontiert wirst, dann machst du die Erfahrung, dass dein Geist und deine Seele sich viel besser reinigen als jemals zuvor und du dich viel schneller wieder wohl und ausgeglichen fühlst. Und je mehr du über diese großartige Arbeit deines Unterbewusstseins nachdenkst, desto mehr regenerieren sich dein Geist, deine Seele und dein Körper."

Meisterschaft

"Ich möchte dir etwas über die Meisterschaft erzählen. Echte Meisterschaft bedeutet, beide Pole einer Polarität zu beherrschen. Das bedeutet zum Beispiel, die absolute Macht und gleichzeitig die vollkommene Demut gegenüber Gott zu beherrschen. Das sind die zwei Pole einer Sache. Ohne vollkommene Demut wirst du nie die Allmacht erlangen und ohne die Erfahrung der Allmacht wirst du nie die vollkommene Demut empfinden. Beide Pole müssen miteinander wachsen, beide müssen gleichzeitig kultiviert werden. Und das ist der Schlüssel zur Meisterschaft. Es ist das Geheimnis, wie zwei Dinge auf den Ursprung zurückgeführt werden um eins zu werden, sich zu vereinigen. Und jedes Mal, wenn du dich in einer Weise überlegen fühlst, dann musst du wissen, dass du die notwendige Qualität des anderen Pols in dir trägst - Demut und Macht, Liebe und Kraft, Weisheit und Stärke. Und du weißt, dass du deiner eigenen Natur folgen musst, da Gott es so für jedes Wesen vorgesehen hat. Und wenn du ein Falke bist, dann kannst du nicht eine Taube sein und wenn du ein Löwe oder ein Tiger bist, dann kannst du nicht ein Schaf sein. Das ist das Gesetz der Natur und du musst ihr folgen. Und so musst du über dich sich selbst reflektieren, über deine wahre Natur und nicht über irgendwelche Ideen von anderen Menschen was sie vielleicht von dir denken, oder von dir erwarten. Sei du selbst, sei authentisch und sie respektieren dich, deine wahre Natur und folgen dem, was Gott für dich bestimmt hat. Folge dem Willen Gottes und entfalte dich. Werde ein echter Meister und folge deinem Weg zur Perfektion, so wie es für dich bestimmt ist. Meistere dein Leben, genieße dein Leben, erfreue dich an Gott und der Schöpfung. Lebe ein glückliches und erfülltes Leben. Mache deine spirituelle Ausbildung und entfalte dich. Und wenn du Respekt und Verständnis für die Menschen zeigst mit denen du lebst und arbeitest, dann ist alles gut und richtig und es gibt keine Notwendigkeit dich zu verstecken. Du kannst der sein, der du bist und du kannst deinem individuellen Weg folgen, so wie es richtig, gut und gesetzmäßig ist. Und von nun an bist du frei von allen Blockaden - von nun an wirst du deinem Weg folgen, wie er für dich vorgesehen, gut und rechtmäßig ist. Von nun an wirst du deine höhere Natur entfalten. Und Gott wird dich durch eine hohe Intuition leiten und du wirst wissen, was gut und notwendig für dich ist."

Immunsystem

"Jetzt möchte ich über das Immunsystem sprechen. Wie du weißt, ist ein starkes Immunsystem in der Lage deine körperliche Gesundheit sehr gut zu schützen, so dass keine Erkrankung in deinen Körper eindringen kann. Ein starkes Immunsystem hält dich gesund unter allen Bedingungen und blockiert alle Arten von Krankheitserregern - blockiert alle Krankheiten. Von diesem Tag an hast du ein starkes und gesundes Immunsystem, das deine Gesundheit erhält und alle Arten von Krankheiten abwehrt. Und in gleichen Weise wie dein körperliches Immunsystem deine Gesundheit schützt, so schützt auch dein psychisches Immunsystem dich wirksam vor allen schlechten Einflüssen, vor Stress, Frustration und schlechten Emotionen von anderen Menschen. Von nun an wirst du ein starkes psychisches Immunsystem haben, das deinen Geist und deine Seele gesund und in guter Harmonie bewahrt, das alle schlechten Einflüsse von anderen Menschen, alle schlechten Emotionen und alle schlechten Gedanken anderer abwehrt, damit du deinen inneren Frieden und deine Harmonie bewahrst, so dass du eine gute emotionale Distanz zu dem schlechten Verhalten anderer Menschen halten kannst. In der Tat kannst du nicht mehr durch schlechte Gedanken und schlechte Emotionen von anderen Menschen kontaminiert werden. Dein psychisches Immunsystem ist von nun an stark und schützt deine Seele und deinen Geist vor allen schlechten Einflüssen und so behältst du deine geistige und psychische Gesundheit, deinen inneren Frieden und die Harmonie in allen Herausforderungen des Lebens. Und das ist gut zu wissen und es gibt dir ein Gefühl von Immunität und Selbstvertrauen."

Charisma

"Du hast den Wunsch, etwas in deiner Persönlichkeit und in deinem Leben zu verändern. Du möchtest deine positiven Eigenschaften und Fähigkeiten erhöhen und stärken. Du möchtest dein Charisma verbessern - die Art wie du dich selbst wahrnimmst und wie andere dich wahrnehmen. Das Charisma, die Ausstrahlung oder Aura eines Menschen ist sehr wichtig, da sie unser Leben stark beeinflusst. Jeder hat eine Aura. Jeder hat eine spezifische, individuelle Ausstrahlung an der man von anderen gemessen und bewertet wird. Das ist deine natürliche Möglichkeit um andere zu beeindrucken und zu beeinflussen. Charisma kann sehr unterschiedliche Effekte haben. Manche Menschen arbeiten mit ihrem Charisma erfolgreich, während andere sensibel und sympathisch handeln. Einige erscheinen attraktiv, während andere vertrauenswürdige und seriöse Ausstrahlung haben. Die Menschen sind charismatisch, wenn ihre Ausstrahlung sehr stark ist und in einem besonderen Aspekt ihrer Persönlichkeit entwickelt ist. Sie sind Menschen die einen ganz besonderen Einfluss auf andere Menschen in einem gewissen Sinne haben. Und das mit starken Effekten. Charisma kann gesteuert werden. Es ist verwandlungsfähig und veränderbar. Mit Hilfe deines Unterbewusstseins kannst du dein Charisma so einrichten, wie es dir gefällt, dann ist es gut und nützlich für dich. Charisma setzt sich aus einer Reihe wichtiger Faktoren zusammen, die nur mit Mühe bewusst kontrolliert werden können. Der Ton der Stimme, Körperhaltung, der Prozess der Bewegung, der Ausdruck der Augen. Die Energie, die einen Menschen umgibt, und sogar kaum erkennbare Signale, wie der Geruch, den der Körper produziert haben eine gewisse Bedeutung. Ebenso haben die Ideen und Gefühle die ein Mensch enthält und kultiviert eine starke Wirkung auf sein Charisma. Sein Selbstvertrauen, die innere Ruhe, oder Gelassenheit, oder der Humor und die Ernsthaftigkeit mit der er sich bestimmten Dingen nähert. All das zeigt das Charisma. Es hilft seinem Besitzer zu erreichen was er erreichen will, es hilft ihm gesehen zu werden wie er gesehen werden will und es hilft ihm im Leben erfolgreich zu sein, geliebt und akzeptiert zu werden, alle Ziele zu erreichen und all dies nur durch die Nutzung seiner Ausstrahlung, seines Charismas. Stell dir jetzt eine typische Situation vor, in der das Charisma das du haben möchtest fehlt. (Pause) Sehr gut, bitte stell dir jetzt vor, was sich in einer solchen Situation für dich ändern würde, wenn du die notwendige, positive und starke Ausstrahlung hättest. Wie würde die Situation aussehen? (Pause) Gut und nun stell dir eine andere Situation vor, wo du deine positive Ausstrahlung entfaltest und sie erfolgreich nutzt. (Pause) Sehr gut. Und jetzt nimm eine dritte Situation, wo du deine neue und optimale Ausstrahlung nutzt um deine Ziele zu erreichen. Überprüfe den Eindruck den du auf andere machst und fühle wie einfach das Leben geworden ist, nur durch die Steigerung deines Charismas. (Pause) Und jetzt verankere dein neues, positives, optimiertes und starkes Charisma tief in deinem Unterbewusstsein, so wie du es wünschst. Deine Vorstellung, deine Gedanken und Gefühle über das perfekte Charisma haben deinem Unterbewusstsein geholfen zu verstehen was zu tun ist. Und nun programmiert dein Unterbewusstsein dein Charisma perfekt nach deinen Wünschen. Und so wird alles was du anderen kommunizieren willst verstärkt und intensiviert, so dass du gut verstanden wirst und deine Bedürfnisse und Wünsche unterstützt werden. Dein Unterbewusstsein wird alle kleinen Details in einer Weise anpassen, damit dein Charisma intensiv und in sich konsistent ist. Damit jede Bewegung, jedes Wort, jeder Gedanke und jedes Gefühl von dir von Tag zu Tag mehr und mehr mit deinen Wünschen übereinstimmen. Und du wirst sehr schnell erkennen wie meine Worte wahr werden, so wie ich es sage. Alle diese Worte sind tief in deinem Unterbewusstsein verankert und sie realisieren sich wie ich gesagt habe."

Selbst-Respekt / Selbstvertrauen

"Du hast den Wunsch, etwas für dein Selbstvertrauen, deine Selbstachtung zu tun. Heute wirst du dir diesen Wunsch erfüllen. Selbstvertrauen hat viele Facetten. Es entscheidet in vielen Situationen, für welches Verhalten man sich entscheidet und ist oft ausschlaggebend für den persönlichen Erfolg. Es kann dir Mut, Kraft, Charisma und Elan geben. Die Erhöhung deines Selbstvertrauens wird dir helfen, deine gesamte Lebensqualität zu erhöhen. Du wirst neue Kräfte gewinnen und du wirst deine derzeitigen Fähigkeiten und Kräfte noch verbessern. Vielleicht kannst du ein paar Träume verwirklichen die du bisher noch nicht erreicht hast. Stell dir eine Situation vor, in der dir Selbstvertrauen gefehlt hat und wie du dich dort gefühlt hast. (Pause) Sehr gut, jetzt stell dir bitte vor, was sich für dich in einer solchen Situation mit einem guten Selbstwertgefühl, mit einem echten, guten Selbstvertrauen ändern würde. Wie fühlt es sich an, ein gutes Selbstbewusstsein zu haben? Wie erlebst du eine solche Situation? (Pause) Sehr gut. Die Tatsache, dass du dich mit Selbstvertrauen in solchen Situationen vorstellen kannst, ist ein erster wichtiger Schritt. Weil es zeigt, dass du es realisieren kannst! Alles was du dir vorstellen kannst, kann dein Unterbewusstsein realisieren. Stell dir vor, dass dein Unterbewusstsein beginnt alle Blockaden aufzulösen die dich bis jetzt davon abgehalten haben dich so zu fühlen wie du schon immer wolltest. Dein Unterbewusstsein löst jetzt alle deine Blockaden auf, so dass dein Selbstwertgefühl, dein Selbstbewusstsein sich entfaltet und stärkt wie es sein sollte, wie es für dich richtig und gut ist. Es kann sein, dass du richtig fühlst wie sich etwas in dir löst, wie du dich von etwas befreist. Spüre wie dein Unterbewusstsein alle Blockaden in deiner Persönlichkeit auflöst und wie sich neue Kräfte und Eigenschaften für ein gesundes und starkes Selbstvertrauen in dir entfalten. Es ist eine wunderbare Veränderung die du erfährst. Vielleicht entstehen Visionen einer besseren Zukunft in deinem Kopf, Situationen in denen du Herausforderungen mit mehr Vertrauen und mit mehr innerer Kraft meisterst, wo du dich als erfolgreich und glücklich erlebst. Vielleicht spürst du irgendeine Art von positiver Aufregung, wenn du daran denkst alles mit echtem Selbstbewusstsein zu meistern und erfolgreich zu sein. Dein Unterbewusstsein realisiert diesen Prozess gerade jetzt in dir und realisiert die positiven Veränderungen. Eine Metamorphose. Eine Entwicklung. Und du wirst sehen, wie diese Entwicklung Schritt für Schritt realisiert wird. Du wirst spüren, wie du dein Selbstvertrauen von Tag zu Tag automatisch mehr und mehr erhöhst. Da es stärker und stärker wird, fühlst du dich auch immer besser. Du wirst sehen, wie du mehr und mehr die Person wirst, die du schon immer sein wolltest. Du kannst es. Dieses Potential ist in dir und von nun an ist es aktiv und wird sich vollständig entfalten. Dein Unterbewusstsein wird dir helfen mit all seiner Kraft, denn es weiß dass du dich so besser und besser fühlst mit diesem neuen, entfalteten Selbstvertrauen und daher ist es gut für dich dass es dir hilft. Stell dich dir selbst in ein paar Tagen oder in ein paar Wochen vor, wie du richtig vor so viel Selbstvertrauen strahlst. Stell dir vor, wie es dich lächeln lässt und wie großartig du dich damit fühlst. Und stell dir deine Haltung vor. Stell dir vor, wie du aufrecht und voller innerer Sicherheit durch das Leben gehst. Stell dir vor, wie viel angenehme Gefühle und Momente des Glücks du durch dein entfaltetes Selbstvertrauen erleben wirst. Genieße diesen Prozess und freue dich auf all diese wichtigen Veränderungen in deinem Leben. Du wirst überrascht sein, wie viel Energie und Kraft in dir ist und wie großartig das Leben sein kann. Alle diese Worte sind in deinem Unterbewusstsein tief verankert und sie werden wahr, genau wie ich es gesagt habe. Die Veränderung beginnt jetzt und wenn du deine Augen wieder öffnest, dann kannst du schon fühlen, dass etwas anders ist, das sich etwas schon in dir verändert hat. Und dieses Gefühl wird immer klarer und klarer, bis du den optimalen Zustand erreicht hast den du dir wünschst."

Der Fluss des Lebens

(Dies ist sehr nützlich und hilft dir, deinem individuellen Lebensgefühl auf natürliche, intuitive und erfolgreiche Weise zu folgen.)

"Stell dir jetzt vor, dass das ganze Leben ein langer, gemütlicher, fließender Fluss ist. Es ist ein großer, natürlicher Fluss, vielleicht wie der Amazonas, oder ein anderer großer Fluss den du kennst. Ein Fluss mit langen graden Abschnitten, aber auch mit Kurven und Wendungen. Ein Fluss mit breiten, schnell fließenden Punkten, aber auch mit kleineren Flächen und vielleicht mit der einen oder anderen Sandbank. Stell dir vor, dass du gerade ganz bequem in einem Boot sitzt, welches im Fluss fährt. Stell dir vor, dass du hier in diesem Boot sitzt und dass du die Reise genießt. Es gibt nichts für dich zu tun - das Boot bewegt sich von selbst durch den Strom des Flusses und wird von deinem Unterbewusstsein gesteuert, das als unsichtbarer Steuermann arbeitet und sicherstellt, dass dein Boot auf Kurs bleibt. Aber manchmal im Leben kann es sein, dass das Unterbewusstsein ein wenig vom Kurs abkommt. Vielleicht weil es nicht weiß, welchen Weg es nehmen soll wenn der Fluss sich gabelt, oder weil es zu nah am Ufer ist, wo der Strom schwächer wird und das Boot an Schwung verliert. Vielleicht übersieht es manchmal die eine oder andere Sandbank, so dass das Boot für eine Weile stecken bleibt und manchmal kann es eine Zeit dauern, bis der Strom wieder ansteigt und es aufnimmt. Heute bitte ich dein Unterbewusstsein, dein Boot wieder auf den richtigen Weg in den natürlichen Strom in der Mitte des Flusses zu lenken, so dass es leicht und gut in die Richtung deiner Ziele fährt. Wenn dein Boot auf dem richtigen Weg ist, dann lassen sich alle Themen des Lebens ganz natürlich und leicht im Flow bewältigen. Dann fließt das Leben wie dieser lange, ruhige Fluss. Stell dir vor, wie sich dein Boot mehr und mehr in die optimale Position bewegt. Spüre wie es leicht und sorglos dahingleitet. Du kannst ganz entspannt sitzen und einfach nur deine Reise genießen. Du kannst dein Boot einfach in die richtige Richtung treiben lassen und sehen, wie du ganz von selbst auf deine Ziele im Leben zusteuerst, ohne durch Sandbänke oder Treibholz behindert zu werden. Während du die entspannende Reise genießt, ist dein innerer Steuermann voll aktiv, bemerkt jede Kurve, jede Sandbank im Voraus und er führt dein Boot sicher um sie herum. Dein Unterbewusstsein hilft dir, dein inneres Zentrum zu finden und deine Ziele in einer intelligenten, schnellen und sicheren Weise zu erreichen. Dein Boot hat die optimale Fahrposition erreicht und hält sie von nun an. Und das lässt dich, dich wirklich gut und entspannt fühlen, da du auch weißt, dass dein allwissendes Unterbewusstsein der beste Steuermann für dich in deinem Leben ist. Es ist dein bester Führer dem du voll und ganz vertrauen kannst. Sehr gut, dein Boot hat jetzt den richtigen Kurs genommen und ist in der idealen Position angelangt, der Mitte des Flusses. Mit anderen Worten, dein Unterbewusstsein führt dich genau zu deinen Zielen und nutzt den natürlichen Flow, der dir die richtige Energie gibt um voranzukommen. Lehn dich zurück und genieße einfach deine Reise. Dein Unterbewusstsein wird immer wachsam sein und sich gut um deinen Kurs kümmern. Es wird dein Boot die ganze Zeit kontrollieren, so dass du in dir zentriert bleibst und es wird sicherstellen, dass nichts dich auf deiner Reise behindert. Nun lehn dich zurück und genieße die einfache Reise."

Motivation

Du hast den Wunsch, deine Motivation zu verbessern. Du hast ein oder mehrere Ziele im Leben, die du erreichen willst und du fühlst, dass dein Antrieb, deine Aktivitäten nicht stark genug sind, um es zu schaffen, das deine innere Kraft nicht groß genug ist um schnell genug, oder erfolgreich genug deine Ziele zu erreichen. Hypnose ist ein bewährter Weg um die Motivation zu steigern da sie alle Bereiche und Kräfte in dir aktivieren kann, die für vollen Erfolg und eine hohe, permanente Motivation notwendig sind, damit du alle deine Ziele unter optimalen Bedingungen erreichen kannst. Motivation ist notwendig für große Dinge die du erreichen willst, sowie für die Notwendigkeiten des täglichen Lebens. Aber meistens ist es für Dinge, die zusätzliche Energie oder Überwindung benötigen. Dinge die nicht von selbst funktionieren. Ein Sprichwort sagt, dass selbst die längste Reise mit einem kleinen Schritt beginnt und manchmal braucht es viele kleine Schritte und wobei jeder wichtig ist, um an dein Ziel zu gelangen. Oft wird man mit Zweifeln, Ängsten und Sorgen konfrontiert, die dich auf deinem Weg behindern. Es scheint, dass du es nicht tun kannst, dass eine Kraft fehlt, ein Mangel an Antrieb oder manchmal ist es einfach ein bisschen die normale menschliche Faulheit. Aber in den meisten Fällen wird es einfacher mit jedem Schritt den du machst. Es wird immer besser und besser, ganz automatisch, ganz von allein. Von nun an wird dein Unterbewusstsein alle persönlichen Energien mobilisieren die notwendig sind um dich zu motivieren, so dass du optimal arbeiten kannst um deine Ziele zu erreichen. Stell dir eine Situation vor, in der deine Motivation fehlt. Was fehlt dir genau? (Pause) Und nun, stell dir diese Situation mit voller Motivation vor. Wie fühlt es sich für dich an? Wie hat es sich verändert? Ist es nicht toll, voll motiviert zu sein und deine Ziele unter besten Bedingungen zu erreichen? Stell dir vor, du hast von nun an immer die nötige Motivation alle deine Ziele mit Leichtigkeit und Zufriedenheit zu erreichen. Ist das nicht eine tolle Vorstellung? Du kannst alles haben. Dein Unterbewusstsein liefert dir alles, was du für den vollen Erfolg benötigst. Es kann alles in bester Weise organisieren, so dass du an deinen Zielen mit voller Kraft und Elan arbeiten kannst, um deine Ziele bestmöglich zu erreichen. Damit kannst du Schritt für Schritt deinen Weg gehen und nichts kann dich aufhalten. Eine innere Kraft wird dich Schritt für Schritt antreiben. Und mit jedem Schritt deiner Reise wird es einfacher und einfacher deinen Weg zum Erfolg zu gehen. Mit jedem Schritt genieß du deine Arbeit mehr und mehr. Und mit jedem Schritt verschwinden sämtliche möglichen Ängste, Zweifel, Ungewissheiten und Sorgen vollständig. Dein Antrieb und dein Ehrgeiz wachsen von Tag zu Tag und nichts kann dich daran hindern, deine Ziele zu erreichen. All diese Worte sind tief in deinem Unterbewusstsein verankert. Von Tag zu Tag wachsen deine Stärke, dein Ehrgeiz, deine Motivation ganz natürlich und automatisch und du fühlst wie sich die Dinge in deinem Leben positiv verändern."

Superlearning

"Dein Unterbewusstsein wird jetzt so eingestellt, wie du am besten lernen und dein Wissen perfekt abrufen kannst. Dein Unterbewusstsein stellt sich jetzt so ein dass du Wissen leicht absorbieren kannst und es wann immer du willst, oder musst, dich daran erinnern kannst, um es mühelos und einfach zu reproduzieren. Von nun an ist Lernen ganz einfach für dich, weil dein Unterbewusstsein automatisch alle Teile des Gehirns aktiviert, die notwendig sind für perfektes Lernen, wann immer du lernen willst, oder musst. Du wirst erleben, dass Lernen einfach ist und Spaß macht. Du wirst erleben, dass von nun an Lernen ganz einfach und natürlich ist und dass du dich motiviert fühlst und mühelos lernen kannst. Dein Unterbewusstsein stellt deine Fähigkeiten so ein, dass das Wissen leicht in dein Bewusstsein eingeht, gut verarbeitet wird und du dir alles auch leicht merken kannst. Das Lernen und Reproduzieren von Wissen ist ganz einfach, natürlich und macht Spaß. Du erinnerst dich viel einfacher und lernst auch was du willst. Du versteht alles. Deine Intuition leitet dich. Selbst das komplizierteste Wissen wird plötzlich sehr einfach und verständlich, da dein Unterbewusstsein die Arbeit deines Gehirns, deines Geistes und Verstandes optimiert. Der gesamte Prozess der Wahrnehmung, des Verstehens, des Auswendiglernens und der Reproduktion des Wissens wird durch dein Unterbewusstsein optimiert. Alles funktioniert perfekt, natürlich und automatisch. Und du genießt diese neue Art des Lernens. Das Wissen das du aufnimmst, ist so tief in deinem Gedächtnis gespeichert, dass du es jederzeit leicht abrufen kannst wenn du es brauchst. Lernen mit Hilfe des Unterbewusstseins ist eine großartige Sache, weil es viele Dinge einfacher macht. Das Wissen ist natürlich vorhanden. Es ist immer da wenn du es brauchst. Es ist so gespeichert, dass es von alleine in deinem Bewusstsein auftaucht wann immer du es brauchst, wann immer es benötigt wird. Aus der Hirnforschung wissen wir, dass das Gehirn einen ganz bestimmten Zustand braucht, um optimal lernen zu können. Es ist ein Zustand der entspannten Konzentration. Ein Zustand der entspannten Aufmerksamkeit. Das optimale Lernen funktioniert sehr einfach und mühelos. Und ich möchte, dass dein Unterbewusstsein diesen besonderen Zustand immer dann aktiviert, wenn du beginnst etwas zu lernen. Ganz selbstverständlich, ganz natürlich. Dein Unterbewusstsein weiß genau, wie du deine Gehirnaktivität in den richtigen Zustand für perfektes Lernen bringst, so dass du sehr einfach lernen kannst und dich auch an alles perfekt erinnerst. Durch die Erfahrung dieser optimalen Lernbedingung steigt auch deine Motivation zu lernen und der Spaß am Lernen wird auch immer mehr zunehmen. Lernen wird plötzlich etwas Positives, auf das du dich freust. Du musst dich nicht mehr zum Lernen zwingen, sondern du wirst ganz natürlich eine Motivation in dir spüren und freiwillig gerne lernen. In den meisten Fällen ist das Lernen mit einem Ziel verbunden. Zum Beispiel mit einer Prüfung, oder einem Test. Dein inneres Wesen kennt deine Ziele und so kann dein Unterbewusstsein dich perfekt für das Lernen und die richtige Vorbereitung auf Tests und Prüfungen einstellen. Es weiß, welches Wissen du benötigst und wann du es brauchst. Und so bist du immer perfekt für jeden Test vorbereitet. Deine Motivation zum Lernen steigt automatisch wenn du lernen musst, so wird das Lernen einfach und macht Spaß. Und da es Spaß macht, erscheint der Lernprozess schnell zu sein. Die Zeit fliegt. Du bist wirklich motiviert, fühlst dich gut und Lernen ist spannend. Lernen ist von nun an frei von Stress, von jedem Druck. Es kommt dir einfach vor. Und da es einen optimalen Zustand für das Lernen gibt, gibt es auch einen optimalen Zustand für die Reproduktion des Wissens. Eine entspannte Konzentration, in der das Wissen leicht zugänglich ist. Sie ist einfach verfügbar, wenn sie benötigt wird. Und auch hier stellt dein Unterbewusstsein alles so ein, wie es für dich optimal ist. Es stellt dir dein Wissen zur Verfügung. Einfacher und besser, als je zuvor. In Tests wirst du feststellen, dass du entspannter als jemals zuvor bist und gleichzeitig hochkonzentriert, so dass du in der optimalen Lage bist das Wissen einfach rechtzeitig abzurufen, so wie du es brauchst. Es scheint Dir, dass alle Fragen und Aufgaben ganz einfach und gut zu beantworten sind. Kaum hast du eine Frage oder Aufgabe gelesen oder gehört, fällt dir auch schon die richtige Antwort ein, oder du weißt, wie man das Problem in der richtigen Weise lösen kann. Die Antworten kommen intuitiv, schnell und natürlich. Es ist, als ob etwas in dir die Frage sofort beantworten würde und das einzige was du tun musst, ist die Antwort zu sagen oder sie aufzuschreiben. Es scheint, dass in schriftlichen Prüfungen jemand deinen Stift für dich führen würde. Dann wunderst du dich vielleicht, wie automatisch und perfekt alles funktioniert und wie einfach das alles ist. Aber das ist normal, weil es nur funktioniert da dein Unterbewusstsein dich mit all seiner Kraft unterstützt. Und diese Fähigkeit in dir, musste nur aktiviert werden wie wir es jetzt tun. Auf diese Weise wird deine Leistung immer besser. Und du wirst immer leichter und einfacher lernen. Stell dir das einmal vor. Stell dir vor, wie sich dein Leben mit dieser Fähigkeit verändert. Stell dir vor, welche Chancen sich für dich eröffnen. Stell dir vor, wie nützlich das ist, welche Vorteile entstehen, wenn du optimal lernen kannst, wie großartig dies ist und wie angenehm und nützlich. Von nun an wird Lernen für dich nicht mehr Stress sein, sondern wirklich spaßmachen. Lernen wird ein natürlicher Teil deines Lebens und kostet dich keine Anstrengung mehr, da es einfach funktioniert, ganz natürlich und automatisch. Stell dir jetzt eine Situation vor, in der du diese perfekte und leichte Art zu lernen und Wissen wiederzugeben anwendest. Stell dir vor, wie du leicht lernst, wie du alles gut verstehst und dir auch alles merkst. Stell dir vor, wie leicht du das gelernte Wissen in einem Test reproduzieren kannst, wie leicht die Antworten fallen, wie dein Lehrer begeistert und glücklich über deine sehr guten Antworten und deine gute Vorbereitung ist. Wie fühlt es sich für dich an? Ist es nicht einfach toll und wirklich klasse?! Jeder ist über deine fantastischen Fähigkeiten im Lernen und auch wie automatisch die Antworten kommen erstaunt. Wie würdest du dich fühlen? Welche Möglichkeiten würden sich für dich eröffnen? Was wäre besser? Welche Probleme werden gelöst? Denk einmal darüber nach. Wie fühlt es sich an? (Pause) Alle diese Worte und ihre Auswirkungen, alle deine Vorstellungen und Ideen sind nun tief in deinem Unterbewusstsein verankert und sie werden wahr werden, wie es gut für dich ist. Du wirst fühlen, dass sich etwas geändert hat, denn das Lernen wird von nun an immer einfacher und deine Leistung wird immer besser. Dein Unterbewusstsein hilft Dir, all dein inneres Potenzial vollständig zu entfalten. Es hilft dir, dein Wissen so zu managen und zu organisieren, dass du immer effizienter wirst und deine Prüfungsergebnisse immer besser werden. Diese Worte sind tief in deinem Unterbewusstsein verankert und werden wahr, wie ich gesagt habe. Und vielleicht fühlst du schon, wie sich die Dinge zum Besseren ändern. Von nun an bist du perfekt eingestellt, um optimal zu lernen, perfekt eingestellt um dein Wissen optimal zu reproduzieren – ganz natürlich, automatisch und mühelos."

Nachwort

Mit diesem kleinen Buch hast du ein gutes, umfassendes Paket an Selbsthypnose Übungen erhalten. Selbsthypnose ist in der Tat der Meisterschlüssel, um die einzelnen Stufen im Bardon Training umzusetzen. Ohne Hypnose und die Arbeit des Unterbewusstseins nutzen wir nur 50% unserer Kapazitäten. Und wenn du auch noch deine karmischen Blockaden dazurechnest, dann liegt dein Leistungsgrad vielleicht nur bei 10-25%. Es ist also kein Wunder, warum viele Schüler keinen wirklichen Erfolg haben. Übrigens, wusstest du, dass die (alten) Blockaden und Disharmonien in dir das größte Hindernis auf dem Weg darstellen? Daher war auch das Motto der alten Mystiker „Reinigen, Heilen, Heiligen!" Ohne Reinigung und Heilung kein Aufstieg!

Wenn du die Informationen, Anweisungen und Suggestionen dieses Buches in einer intelligenten Weise für dich nutzt, dann wirst du erstaunt über die guten Ergebnisse sein, die du erreichst und dies mit mehr natürlicher Leichtigkeit und Effizienz im Vergleich zu anderen Schülern auf dem Weg.

Ich hoffe wirklich, dass dieses Buch vielen wahren spirituellen Suchern dient, um ihre göttliche Natur zu entfalten. Wir brauchen eine Menge Diener des ewigen Lichts, um die Herausforderungen auf der Erde zu meistern.

Ich wünsche dir das Beste für deine spirituelle Reise!

In Liebe, Licht und Verbundenheit,

Ray del Sole

EMPFEHLUNGEN:

SPIRITUELLE HEILUNG MIT RAY

Ich biete geistige Heilung und Coaching weltweit in Deutsch und Englisch an. Das Angebot umfasst die Auflösung von Blockaden, altem Karma, die Heilung und Reharmonisierung von Geist, Seele und Körper. Außerdem biete ich auch die Aktivierung wichtiger Chakren und Drüsen an. Bitte besuche meine Website für weitere Informationen und sende mir dort deine Anfrage:

http://sura-blog.raydelsole.com/spiritual-healing-2/

RAYS BLOG ÜBER SPIRITUELLE THEMEN

Mein Blog hat mittlerweile eine neue Adresse: http://sura-blog.raydelsole.com/ Hier findest du eine große Menge von Artikeln über eine Vielzahl von spirituellen Themen.

DIE SURA AKADEMIE

Die Sura Academy bietet ein ganzheitliches spirituelles Training mit Bardon´s universalen Lehren im Kern. Das Lehrkonzept folgt der alten und universellen Differenzierung von Metaphysik und Mystik als den beiden Seiten einer Medaille. Metaphysik ist die Wissenschaft der Gesetze und Kräfte der Schöpfung und Mystik ist die Wissenschaft der Veredelung. Beide arbeiten zusammen und entfalten sich in den vier Aspekten des Weges - Meisterschaft (Feuer), Weisheit & Wissen (Luft), Liebe & Hingabe (Wasser) und guten Taten (Erde). Der Weg der vier hieß in alten Zeiten Maha Yoga. Wir verwenden hier die Essenz von den Gesetzen der Entwicklung. Nur wenn du dich in allen vier Aspekten gleichermaßen entwickelst, wirst du am Ende die Vollkommenheit erreichen. Das ausgewogene Training ist gleichzeitig Garant für die Erhaltung deiner Gesundheit während deiner gesamten Entwicklung. Balance ist eines der wichtigsten und wertvollsten Ziele, die es zu erreichen und zu pflegen gilt. Harmonie ist eine göttliche Qualität.

Die Lehren der Metaphysik und Mystik gehen Hand in Hand, denn Metaphysik liefert Wissenschaft und Macht - die Werkzeuge für den Fortschritt, während die Mystik die richtige Qualität bietet - die richtige Absicht, die den Fortschritt ermöglicht. Ohne Metaphysik hast du nicht die notwendigen Energien und Werkzeuge für deine Entwicklung und ohne Mystik hast du nicht die notwendige Reife und Autorität, sie für deinen Fortschritt zu nutzen.

Das Training ist wie eine Pyramide aufgebaut, wobei die vier Elemente die Basis bilden und bis zum Gipfel führen, dem fünften Element, wo Perfektion erreicht wird. Es ist ganzheitlich, universell, rein, klar, gesund, ausgewogen, effektiv und logisch gestaltet. So macht alles Sinn und alles ist nützlich. Es ist ein Schritt-für-Schritt-System, aber auch in einer liberalen Weise mit Empfehlungen und optionalen Themen geschaffen. Du kannst die Struktur der Lehren und Übungen überprüfen, um deinen individuellen Meilenstein zu finden an dem du deine Reise fortsetzt. Im Wesentlichen funktioniert es wie eine Checkliste zum Abarbeiten. So kannst du Theorie und Praxis überprüfen und ein Häkchen setzen für das, was du bereits erreicht hast. Dann gehst du einfach weiter auf deinem Pfad und machst das, was du brauchst, um weiterzukommen. Du kannst deiner göttlichen Intuition folgen und tun, was gut und richtig für dich ist. Auf dem Weg zur Meisterschaft muss jeder lernen verantwortungsvolle, gute Entscheidungen für sich selbst zu treffen.

Obwohl jeder das Training selbst durchmachen muss, bieten wir göttliche Unterstützung durch regelmäßige Sitzungen zur tiefen Heilung, Stärkung, Veredelung und Aktivierung des göttlichen Selbst an. Das garantiert einen sicheren und effizienten Fortschritt. Wir bieten auch eine spezielle Ausbildung, die jedem Erfolg und Fortschritt ermöglicht. Es ist nicht eine Abkürzung, sondern ein gesetzmäßiges, einfaches und leistungsfähiges System, um gute Fortschritte auch für echte Anfänger zu ermöglichen.

Du bekommst mehr Information auf meiner Webseite: http:// raydelsole.com/ oder schreibe mir auf sura-academy@raydelsole.com

Ich möchte dich zuletzt noch ausdrücklich darauf hinweisen, dass meine Academy ein ganzheitlich-spirituelles Training anbietet. Wir sind also keine Art von magischem Zirkel. Wer sich für „moderne Magie“ interessiert, möchte sich bitte an entsprechende Gruppen wenden.

RAY DEL SOLE – EIN KURZES PORTRAIT

Ray del Sole ist als ein Experte für Metaphysik und Mystik bekannt. Er ist Autor einer Reihe von Büchern über geistige Entwicklung und Ausbildung. Neben Webinaren, bietet er auch Workshops und Vorträge im deutschsprachigen Raum und in Teilen von England und den USA. In Deutschland, in der Nähe von Frankfurt, arbeitet er als Heilpraktiker für Psychotherapie und als geistiger Heiler. Sein Schwerpunkt liegt in der Anwendung von Hypnotherapie, Rückführungstherapie und Prana-Heilung. Er studierte Architektur in Bochum mit dem Schwerpunkt Projektmanagement. Unter anderem hat er Zertifikate in Intercultural Training, allgemeines Projektmanagement, Betriebseffizienz, Betriebswirtschaft für Ingenieure und Moderation von Arbeitsgruppen erworben. Es folgten weitere Studien in der naturwissenschaftlichen Baubiologie am Institut Neubeuern und Managementlehre mit BWL an der FernFachhochschule Darmstadt. Nach mehreren Jahren als Architekt verließ er die Bauindustrie aus gesundheitlichen Gründen.

Da er schon sehr früh eine umfassende Ausbildung in Prana Healing in der Schweiz absolviert hatte und aufgrund seiner intensiven spirituellen Studien der Psychologie und Heilung, absolvierte er weitere Ausbildungen in Angst - und Stressbewältigung, als psychologischer Berater, als Hypnotherapeut und als Reinkarnationstherapeut, Hypno-Coach und Heilpraktiker für Psychotherapie. Er ist Mitglied im VFP, der Vereinigung unabhängiger Psychotherapeuten in Deutschland.

KONTAKT

Lieber Leser,

Du findest mich auf Facebook wie auch in meiner Sura Academy. Am einfachsten kannst du mich auf Facebook kontaktieren oder du nutzt meine Webseite.

Bitte denke daran, dass ich kein Vertreter von irgendeiner magischen Gesellschaft bin, sondern den spirituellen Pfad lehre.

Du kannst mir auch direkt schreiben: raydelsole@yahoo.de

Ich habe allerdings wenig Zeit und empfehle daher in meine Facebookgruppe zu kommen, wo du weitere spirituelle Gleichgesinnte zum Austausch triffst.

Ray

BÜCHER VON RAY DEL SOLE

Ray del Sole hat mittlerweile über 30 Bücher über den spirituellen Weg, die universellen Lehren und viele spirituelle Themen veröffentlicht.

- Spirituelle Psychotherapie und Coaching
- Machen Sie das Beste aus Ihrem Leben!
- Light on the path to spiritual perfection - books 1-10
- Light on the path to spiritual perfection - additional articles 1-7
- A superior technique for spiritual activation, healing & transformation
- The ten keys of wisdom
- Spiritual Therapy for healers and patients
- Creating the great happiness
- Die Planetenkräfte und ihre Wirkung
- The direct path to enlightenment
- The divine plan
- The use of mantras
- Ray´s small collection
- The Path of the Mystic
- Autohypnosis for Franz Bardon´s Initiation into Hermetics
- Autohipnosis para la iniciación a las ciencias ocultas de F. Bardon
- Success in Bardon´s first steps – A commentary
- Preliminary practice for Franz Bardon´s Initiation into Hermetics
- Mystical extra training for Franz Bardon´s Initiation into Hermetics

In mir und um mich herum

Ich-Grenzen dreidimensional visualisieren

von Klaus Blaser

Jedermann weiß, dass alle Menschen eine eigene psychische Ich-Grenze besitzen. Nur wenige jedoch haben ein bewusstes Bild ihrer mentalen Abgrenzung zur Umwelt.

Klaus Blaser gelingt es einfühlend und präzise, mit seiner dreidimensionalen Visualisierungsmethode das unbewusste Bild der Innenweltumzäunung darzustellen. In diesem Werk bekommt der Leser ein neues Verständnis für die zwischenmenschlichen Grenzdynamiken. Mit den Grenzbildern entsteht eine ganz neue Sprache, mit der wir die eigene Ich-Grenze beschreiben können, uns in der Zweierbeziehung besser mitteilen können und in der Zusammenarbeit mit Patienten und Klienten die bisher unsichtbare Grenze sichtbar machen können.

Synergia Verlag, 192 Seiten, m. Abb., kartoniert
ISBN: 978-3-939272-96-0

Autosuggestion die positive Kraft

Eine Anleitung nach der Methode von Coué

von Fritz Schwarz

In den Zwanziger Jahren des 20. Jahrhunderts ging die Autosuggestion fast wie ein Lauffeuer um die Welt. Dennoch: Nur für die neueste Zeiterscheinung hätte sich Fritz Schwarz nicht interessiert.
Zu Coué kamen damals jährlich mehrere zehntausend Hilfesuchende aus aller Welt mit ihren großen Lebensproblemen. Er empfing sie mit den Worten: "Ich habe nie jemanden geheilt! Die Kraft, die Sie mir zuschreiben, müssen Sie bei sich selbst suchen." Seine unentgeltlichen zweistündigen Sitzungen glichen laut Prof. Dr. Alfred Brauchle wie ein Ei dem andern. In dieser kurzen Zeitspanne kehrte Coué das Welt-, das Selbst- und das Lebensbild seiner Besucher um. Wenn man ihn verließ, war man nicht nur geheilt oder gebessert, sondern man hatte vor allem verstanden, worum es im Leben geht und was man bisher falsch gemacht hatte.

Synergia Verlag, 57 Seiten, m. Abb., kartoniert
ISBN: 978-3-940392-06-0